SCÈNES HISTORIQUES
FLAMANDES.

—

SCHILD EN VRIEND,
1302.—1303.

CHARLES-LE-MAUVAIS,
1356.—1386.

PAR

Henry BRUNEEL et Edward LE GLAY.

(H. E. LANDSVRIEND).

FLANDRE AU LION !

PARIS,
MAGEN ET COMON, LIBRAIRES, QUAI DES
AUGUSTINS 21.

LILLE,
VANACKERE, IMPRIMEUR-LIBRAIRE.

—

1841.

SCÈNES HISTORIQUES

FLAMANDES.

2.

En publiant le premier volume des *Scènes histori-ques flamandes*, nous avions pensé que ce serait trop de deux noms sur de si minces brochures ; de là, notre pseudonyme de *Landsvriend*.

Toutefois, il n'en est pas moins vrai que deux colla-borateurs fournissent leur contingent à ces publications détachées ; dès lors il pourrait sembler étrange (et la remarque nous en a été faite) de rencontrer deux styles, deux manières sous une seule signature.

D'un autre côté, les journaux en nous nommant, nous ont enlevé tout le bénéfice de l'anonyme ; il faut donc, quoiqu'il advienne, signer ce second volume en toutes lettres.

—

EN VENTE :

Bouchard d'Avesnes, 1er vol. *des Scènes historiques flamandes*.

Sous-Presse :

Bertrand de Rains.

SCHILD EN VRIEND,

1302.—1303.

CHARLES-LE-MAUVAIS,

1356.—1386.

PAR

Henry **BRUNEEL** et Edward **LE GLAY.**

(H. E. LANDSVRIEND).

FLANDRE AU LION!

PARIS,

MAGEN et COMON, Libraires, quai des
Augustins 21.

LILLE,

VANACKERE, Imprimeur-Libraire.

—

1841.

1.

LA PARTIE D'ÉCHECS.

Le comté de Flandre avait cessé d'exister ; l'antique fief de Baudouin Bras-de-fer n'était plus qu'une province du royaume de France ; la politique astucieuse et envahissante de Phi lippe-le-Bel triomphait enfin ; car, pour en venir à l'anéantissement de la nationalité fla

1

mande, il avait fallu user de ruse autant que
de violence ; il avait fallu tromper un pauvre
vieillard sans force, sans résolution, que
Dieu avait fait confiant, pacifique, soigneux
de ses intérêts, comme s'il l'eût destiné à
vivre en bon père au milieu de ses dix-neuf
enfants, plutôt qu'à régner sur un peuple di-
visé et à lutter corps à corps avec un adversaire plus adroit encore qu'il n'était puissant.

Entre le roi Philippe-le-Bel et le comte Gui
de Dampierre, la partie n'était pas égale ;
aussi, délaissé des siens, conseillé par des
amis perfides, l'infortuné comte vint-il se
livrer lui-même à son ennemi.

Vers la fin d'avril de l'an 1300, Gui dé-
pourvu de ressources, et abandonné de ses
alliés, demanda un sauf-conduit pour se
rendre auprès de Charles de Valois. Ce prince
le reçut à Ardenbourg, et lui conseilla d'aller
trouver le roi Philippe à Paris, engageant sa
parole que si la paix n'était pas conclue dans

cette négociation , le comte aurait pleine liberté de revenir en Flandre.

Comptant sur cette assurance, Gui de Dampierre se rendit à la cour du roi ; mais Philippe, lui, n'avait rien promis..... il méconnut la promesse de son propre frère ; et lorsque le vieillard se jeta à ses pieds, avec ses deux fils, Robert et Guillaume et cinquante de ses plus fidèles barons, le roi se montra sans pitié pour cette auguste infortune : Gui fut enfermé à Compiègne, Robert au château de Chinon, les autres en diverses prisons du royaume.

Et c'est ainsi que le roi de France conquit le comté de Flandre !.....

A vrai dire , les Flamands, eux aussi, eurent leur part de honte dans ce malheur ; car ce furent leurs divisions intestines qui appelèrent l'ennemi au sein de la patrie ; les grands et les échevins avaient séparé leur cause de

celle du peuple ; ils formaient un parti qui ,
sous le nom de *Léliaerts* (gens du Lys), favo-
risait ouvertement les entreprises de la France ,
tandis que les petits bourgeois et les gens de
métiers conservaient une fidélité inébranlable
à leur vieux comte et au pays.

Telle était la situation de la Flandre , lorsqu'en 1301 , appelé par les vœux des Léliaerts
et suivi de son armée victorieuse , le roi Philippe-le-Bel vint prendre possession des bonnes villes conquises. Qui le croirait ? l'allégresse
publique le saluait partout sur son passage !
Douai, Lille , Courtrai , Audenarde , Gand ,
Ardenbourg , Damme , Ypres décoraient
leurs maisons et jonchaient leurs rues de ver-
dure devant les bannières de la gendarmerie
française. Dans chacune de ces villes, les échevins avaient tellement épuisé les revenus de
la commune pour fêter le roi de France , qu'il
leur fallut ressusciter d'anciens impôts taxant
surtout les basses classes du peuple.

Or, le 20 mai de cette même année 1301,
la ville de Bruges recevait à son tour la visite
de son nouveau maître ; et comme le populaire
de Gand s'était permis de murmurer sur le
passage du roi, les Léliaerts avaient cette fois
ordonné l'enthousiasme sous peine de mort ; si
bien que lorsque la cour de France toute entière, le roi, la reine, les princes leurs frères
et la fleur de leur noblesse, parurent dans les
rues de Bruges, on distinguait, à travers les
félicitations et les vivat des nobles et des
échevins, des masses immobiles et silencieu-
ses ; le peuple se taisait..... Mais qu'impor-
tait à Philippe-le-Bel le silence du peuple ? il
venait de nommer gouverneur de Bruges
Jacques de Châtillon, son oncle ; et messire
de Châtillon était un vieil homme d'armes, un
rude soldat qui ne demandait pas mieux que
de bâillonner la colère des vaincus avec la
garde de son épée... D'ailleurs, tout ce qu'il
y avait dans cette ville de magistrats commu-
naux, de riches bourgeois et de seigneurs
puissants célébrait à grands cris la joyeuse

1 *

entrée du souverain ; sans compter que messire de Ghistelles , le chef du parti des Léliaerts,
en présentant au roi, sur un carreau de velours,
les clefs de Bruges , l'avait humblement prié
d'agréer une splendide fête qu'il lui donnait ,
le soir même , en son hôtel.

La nuit était venue ; le palais du seigneur de Ghistelles , tapissé au dedans et au
dehors de riches tentures aux armes de France,
ouvrait ses larges portes à la foule et jetait
des flots de lumière par ses hautes croisées ;
déjà les écuyers ont détaché pièce à pièce la
lourde armure des chevaliers ; déjà le velours,
le drap d'or remplacent partout le fer ; et les
tabars armoriés, les chaperons ornés de plu-
mes ondoyantes se pressent sous le guichet de
l'hôtel , se courbant avec courtoisie devant de
somptueuses litières d'où descendent de belles et nobles dames , toutes éblouissantes de
brocard et de pierreries. Car les Brugeoises
ne se sont pas fiées à leur seule beauté (cette

beauté devenue historique !) pour rivaliser
victorieusement avec les châtelaines arrivées
de France ; elles ont formé l'audacieux projet
de venger l'asservissement de leur patrie, en
écrasant ces étrangères, sous le déploiement
inattendu de tout le luxe que renfermait alors
la plus opulente ville de Flandre, la reine du
commerce au moyen âge. Mais voici déjà
qu'elles ont été trop loin, les téméraires ! car la
reine elle-même, jalouse de tant d'éclat, s'écrie
en les apercevant : —« Je me croyais seule reine
ici, et j'en vois plus de six cents autres ! »

Si cet aveu échappe à leur gracieuse souve-
raine, que doivent penser les jeunes seigneurs
de la cour de France ?... Il en est un surtout
qui semble, moins que les autres encore, disposé à donner un démenti à la reine Jeanne :
c'est un jeune et galant bachelier ¹ de Tou-
raine, messire Renaud de Pernes, venu en
Flandre pour y faire ses premières armes, et

---

¹ Bas chevalier, grade inférieur dans la chevalerie.

qui n'attendra pas qu'il soit armé chevalier
pour élire la dame de ses pensées ; du moins
s'il faut en croire ses grands yeux noirs, amou-
reusement attachés sur cette blanche et timide
damoiselle, debout aux côtés d'un petit vieillard nerveux et sec, qui lance des éclairs in-
soutenables du seul œil qui lui reste.

Or, ce n'est pas la première fois que le
jeune sire de Pernes remarque cette angélique
figure ; le matin même, lorsque, derrière le
roi, il entrait dans Bruges, on l'avait vu soulever la visière de son casque et regarder long-
temps au balcon d'une maison de la rue Aux-
Draps. Celle qu'alors il avait admirée, émue
et tremblante sous son regard, il vient de la
retrouver dans les salles de l'hôtel de Ghistelles, et pressé de savoir le nom de sa jolie
inconnue, voici qu'il s'approche d'un échevin
brugeois, qui se tient raide et guindé dans
l'embrâsure d'une fenêtre :

— M'apprendrez-vous, maître, quelle est

cette belle jeune fille, venue céans sous la garde
de ce tuteur éborgné ?

— Cette gente damoiselle , messire , a nom
Doette de Coninck ; et l'homme que vous
voyez à ses côtés est son père , Pierre de
Coninck , le doyen des tisserands de draps.

— Eh quoi ! ce sont là des marchands , des
manants entachés de roture ?...

— Que non pas , seigneur ! je vois que vous
ignorez complètement nos usages de Flandre ;
il est parmi nous plus d'un noble homme qui
se fait élire doyen d'un métier pour en accroître
son influence , et Pierre de Coninck est de
ceux-là.

— A la bonne heure ! je m'étais bien dit que
ce sang était noble , en le voyant si beau...

Un instant après , les harpes bretonnes , les
tabours et violes , ayant donné le signal , Re-

naud de Pernes se courbait respectueusement devant Doette de Coninck, la priant de figurer avec lui dans la joyeuse *carole* qu'on allait danser. Doette regarda son père, qui fit un brusque signe d'assentiment, et le jeune et beau couple alla prendre place dans les quadrilles.

Pendant que toute cette noble assemblée se livrait à l'enivrement d'une fête si bien ordonnée, pendant que Français et Flamands, vainqueurs et vaincus, oubliaient les uns leur conquête, les autres leur asservissement, dans les douces émotions d'une nuit de bal, quelques hommes à la figure grave et réfléchie avaient pris place autour des tables où l'antique jeu des échecs étalait ses deux armées d'ivoire et d'ébène. C'étaient, pour la plupart, des capitaines de la bourgeoisie. Pierre de Coninck se tenait au milieu d'eux, et s'était, l'un des premiers, assis en face d'un adversaire, tandis que ses amis l'entouraient d'un cercle impénétrable, comme s'ils l'eussent voulu

garantir de l'approche des seigneurs français.
On pouvait remarquer encore que, contre l'habitude de silence qu'impose ce jeu compliqué,
de Coninck et son antagoniste parlaient bas
et en flamand à leurs voisins, tout en poussant
les pièces sur l'échiquier et proclamaient, à
haute voix et cette fois en bon français, les
coups les plus brillants de leur partie.

— Pierre, avez-vous des nouvelles de Compiègne? — demanda une voix.

— Hélas! oui, mes maîtres.... le vieillard
se meurt dans sa prison ; ses cheveux blancs
tombent de douleur, et prévoyant sa fin prochaine, il a songé à son testament.

— Son testament ?....

— Willaume Rovaert me l'a apporté la nuit
dernière ; mais il n'est pas écrit d'aujourd'hui ;
l'infortuné prévoyait son sort ; car d'après ce
que j'ai pu lire, c'est à Peteghem, le mercredi

après Pâques – fleuries , de l'an 1298 que
le bon comte dicta ses dernières volontés ; [1]
et maintenant qu'il n'espère plus pouvoir
nous les remettre lui-même , il nous les
adresse de France , comme aux seuls amis qui
puissent encore en assurer l'exécution ; il
lègue tous ses biens aux communes , aux
églises et aux abbayes de Flandre , ne réser-
vant que son armure pour qu'on en revêtisse
son corps , lorsqu'on l'enterrera en l'abbaye
de Beaulieu , près Peteghem , qu'il a fondée ;
car tel est son dernier vouloir. Puis il nous
recommande pour son successeur son fils aîné
Robert, *avoué de Béthune*, espérant que l'amour
et les bras des Flamands ne lui faudront
point....

— Il peut y compter tant qu'il nous restera
souffle de vie....

---

[1] Ce testament existe en original aux archives générales du département du Nord , à Lille.

— Ah ! s'il n'était pas si loin de Bruges, ce maudit donjon de Compiègne !

— Messire, je vous prends votre *tour*.

— Il est loin, surtout pour des gens de pied ; car c'est là tout ce que peuvent fournir les communes.....

— Maître, vos *pions* font merveille !

— Mais pas une armure de fer ! tous ces nobles sont de leur côté ; que faire sans cavalerie ?

— Messire de Coninck, vous n'avez plus de *cavaliers !*

— Ma foi, je m'en passerai; mes *pions* marchent bien serrés...

— N'avez-vous rien appris de nouveau touchant nos seigneurs Jean de Namur et Gui, son frère ?

2

— Ce sont de bons fils ; ils viendront en aide aux amis de leur vieux père.

— Et Guillaume de Juliers ?

— Oh ! celui-là cache une fière épée de capitaine sous sa robe de chanoine ! il a bien juré de la tirer pour nous, quand l'heure sera venue.... (haut) Ce bal est vraiment une noble et splendide fête !

— Ces fêtes, ces ébats de traîtres enlèvent jusqu'au dernier sol des revenus de la commune... ah ! si les bourgeois pouvaient se lasser de payer !

— Patience ! à Gand, la réception du maître a couté vingt-sept mille livres !... On a voulu rétablir la maltôte ; le peuple a crié.... ils ne l'ont pas osé...

— Tant pis ! je leur voudrais plus d'audace... Le peuple de Flandre dort, et le sommeil s'en va quand arrive la faim....

— Vous dites bien, Pierre; aussi nos seigneurs les échevins de Bruges ont-ils été mieux avisés : ils ont trouvé commode de faire payer aux métiers les brillants costumes dont ils sont ici caparaçonnés, en l'honneur de leur hôte royal... En les voyant si bien couverts, le peuple sentira mieux qu'il est nu, lui....

— Oh! ce sera bientôt!.... Mais que nous veut ce gros homme au regard faux, à la mine sournoise?

— Hé! ne le reconnaissez-vous point? c'est Baude Crespin, le lombard d'Arras; ce juif, cet usurier qui rançonnait si bien le pauvre prisonnier de Compiègne; il vient flairer céans si le nouveau suzerain de Flandre n'est pas d'aventure disposé à garantir les dettes de l'ancien...; il nous vendrait, celui-là, comme Judas vendit son divin maître. Bon, il s'éloigne. Revenons à notre partie.... — Le peuple de Gand murmure, dites-vous?

— Oui, et celui de Bruges se taisait ce
matin.... j'aime mieux cela, c'est promettre
davantage.... J'apprends aussi qu'on n'est
plus si joyeux, si festoyeur à Courtrai; la
commune est ruinée...

— Gens qui n'ont rien à perdre risquent
tout !

— Ah! ah! que sera-ce donc, mes maîtres,
quand les bourgeois verront ces nouveaux
venus rogner leurs priviléges? En France,
où tout vilain est serf, on sait à peine ce que
vaut le droit de bourgeoisie; ils voudront
faire goûter ce régime-là aux communes de
Flandre; par saint Donat! ce sera leur coup
de grâce! Au premier privilége aboli, à la
première immunité ravie, la cloche du beffroi tintera....

— Vous l'avez dit, Widric; et quand le
moment sera venu, lorsque le peuple, fou
de misère, cherchera les auteurs de ses maux,

pour leur courir sus, lorsque la Flandre
entière, faute de pain, demandera du fer, nous
descendrons tous sur la place du marché;
nous appellerons à nous Breydel et ses bouchers, et alors, alors....

— *Échec au roi* ! la partie est gagnée...

Les joueurs se levèrent de leur siége; car
le lieutenant de Jacques de Chatillon, l'adroit
et politique Pierre de Flotte, frappé de l'air
sinistre de ces hommes que les chances du
jeu ne pouvaient préoccuper à ce point,
s'était approché d'eux, un cauteleux sourire
sur les lèvres. Mais Pierre de Coninck et ses
amis lui firent une grave et profonde révé-
rence; puis ils se dispersèrent, comme pour
ne pas avoir à lui parler.

En ce moment la danse finissait, et tout en
reconduisant Doette à son père, le jeune sire de
Pernes lui disait bien bas et d'une voix émue :

— A vous, Doette, à vous pour la vie !...

Et la pauvre jeune fille tremblait, et ses lèvres frémissantes semblaient prêtes à murmurer un doux aveu.

La fête continua brillante et animée. Philippe-le-Bel enivré de tant d'accueil et de flatterie, disait à la reine :

— Vous le voyez, madame, messire de Flotte se trompait en ses noirs pressentiments : ces Brugeois nous aiment et revèrent, comme il convient de fidèle vassal à bon seigneur. Nous n'avons plus qu'à ramener notre gendarmerie en France, et laisser faire notre amé et féal oncle, Jacques de Chatillon.

L'heure de minuit avait depuis longtemps sonné. Déjà même l'approche de l'aube blanchissait l'horizon, lorsque, donnant le signal du départ à tout le monde, la reine demanda sa litière.

Une fois la cour de France partie, chacun se mit en devoir de se retirer. Alors profitant de l'encombrement que causait cette désertion générale, Renaud de Pernes se glissa à travers la foule, et s'approchant de Doette de Coninck, il lui prit la main sans qu'on pût s'en apercevoir, et lui dit avec un accent de prière :

— Ce soir, à l'heure de vesprée, je passerai dans la rue Aux-Draps ; faites, oh! faites que la dame de mes pensées m'apparaisse un instant !...

Doette hésitait à répondre, la foule allait les séparer :

— Venez... murmura une voix étouffée.

— Ce soir, mes maîtres, à la nuit close, chez-moi...—dit en flamand Pierre de Coninck aux capitaines de la bourgeoisie qui ne

l'avaient pas quitté pendant la fête; — Dieu
aidant, les griffes repousseront au lion de
Flandre...

SCHILD EN VRIEND.

II.

1302.

—

II.

LE MOT D'ORDRE.

L'HABITANT de Bruges qui eût quitté sa ville natale le jour de la joyeuse entrée du roi de France, Philippe - le - Bel, pour n'y revenir qu'un an moins trois jours après, c'est-à-dire le 17 mai 1302, se serait arrêté stupéfait sur la place du marché, reconnaissant

à peine la malheureuse cité qu'il avait laissée
si brillante et si fière... La Venise du nord
n'était plus qu'une reine détrônée ; Jacques de
Chatillon avait fait raser ses remparts et com-
bler ses fossés ; un édit royal venait d'abolir
ses libertés, coutumes et priviléges ; et la
ville déchue voyait s'élever dans son enceinte
une menaçante citadelle destinée à comprimer
ses fréquentes séditions. Vainement le peuple
et les grands eux-mêmes, qui sentaient enfin
à leur tour la pesanteur du joug français,
avaient adressé d'humbles réclamations au parlement du roi, à Paris ; leur appel avait été
dédaigneusement rejeté. Un instant, exaspérée
par cette flétrissante tyrannie, et rappelant dans
ses murs Pierre de Coninck, Jean Breydel et les
ardents défenseurs de la nationalité flamande
chassés et dispersés par Chatillon, la ville de
Bruges avait cru ressaisir sa liberté perdue ;
mais cet espoir s'était évanoui tout aussitôt ; car
les bourgeois de Gand, dont le concours était
nécessaire pour entraîner le pays dans un mouvement général, avaient refusé de se soulever

de leur côté ; et Jacques de Chatillon , forçant les rebelles à capituler, était rentré le 16 mai dans Bruges , à la tête de dix-sept cents lances françaises.

Le premier acte de son autorité rétablie avait été un décret , publié à son de trompe , qui ordonnait à plus de cinq mille personnes, soupçonnées d'être les ennemis de la domina-tion étrangère , de sortir aussitôt , non-seule-ment de Bruges , mais encore de tout le terri-toire du comté de Flandre. Et les exilés étaient partis , Pierre de Coninck à leur tête , et la ville demeurait demantelée et déserte... Ceux mêmes qui s'étaient crus assez innocents pour oser rester dans leurs foyers , tremblaient maintenant au fond de leurs logis , attendant d'heure en heure que d'autres vengeances si-gnalassent le retour de l'implacable lieutenant du roi de France.

Voilà pourquoi les portes étaient si bien closes et les rues si désertes, dans la soirée du 17 mai 1302.

3

La nuit se faisait noire et brumeuse ; et l'approche des ténèbres ajoutait encore à l'aspect morne et désolé de la bonne ville de Bruges. De temps en temps, le pas cadencé d'une troupe d'archers français, amenant quelque bourgeois suspect dans la prison du gouverneur, venait seul troubler le silence de cette vaste solitude.

Huit heures sonnaient au beffroi , lorsqu'un jeune bachelier qu'à son air d'assurance et mieux encore au respect avec lequel les soldats de garde le saluaient en passant , on reconnaissait sans peine pour un seigneur français , s'aventurant seul à travers les ténèbres , se dirigea mystérieusement vers la rue Aux-Draps. Il venait d'y entrer, et s'était arrêté devant un logis de modeste apparence , regardant aux croisées du premier étage , comme s'il devait lui venir de là un signal impatiemment attendu , quand il aperçut, se glissant le long des façades , une ombre qui ,

arrivée en face de lui, s'arrêta comme prise
d'indécision. Le damoisel avait porté la main
à son poignard et allait crier à cette apparition
de se faire connaître ; mais déjà la maison
même qu'il épiait depuis un instant, avait
ouvert sa porte étroite et basse ; et à la lumière qui s'en échappa, il put distinguer un
homme de petite taille caché tout entier dans
une cape de couleur brune qui se jeta préci-
pitamment dans l'intérieur. Puis la porte
s'était refermée, et l'habitation avait repris
son silence et son obscurité.

Le jeune seigneur attendait toujours, tra-
hissant son impatience par des allées et des
venues, en face de ce pignon noir et silencieux
qui le surplombait de son faîte pointu. Enfin
après une longue demi-heure d'anxiété, une
des hautes croisées du premier étage s'ouvrit
sans bruit, une échelle de corde tomba jusqu'à terre, et en un instant l'aventureux bachelier eut franchi l'appui de la fenêtre et
pénétré dans la maison.

Là se trouvait, pour le recevoir, une dame à
l'aspect vénérable, qui lui fit signe de se taire et
le mena par la main à travers un dédale de cham-
bres et de corridors , plongés dans l'obscurité
la plus profonde, jusques dans une pièce faible-
ment éclairée, dont un lit sculpté , quelques
escabeaux, un grand fauteuil et un prie-Dieu
en chêne formaient tout l'ameublement.

— Si vous êtes loyal et discret, comme tout
bon chevalier doit l'être , — dit alors la vieille
dame avec précipitation, — vous ne me deman-
derez pas pourquoi je vous ai fait prendre
aujourd'hui, pour pénétrer céans , une autre
route que celle de la porte d'en-bas par où
vous entrez d'ordinaire. Asseyez-vous là ,
messire de Pernes , et prenez patience ; ma
bien-aimée nièce ne tardera pas à venir.

Et tout aussitôt la respectable introductrice
prit place dans le grand fauteuil , se signa ,
ouvrit un livre d'heures et se mit à le feuilleter

en priant, sans plus de distraction que si elle eût été seule en cette chambre.

Il y eut alors pour le jeune français un moment de silencieuse réflexion : il ne savait comment s'expliquer ce redoublement de mystère qui entourait pour la première fois son innocente et bienheureuse entrevue de tous les soirs. Mille conjectures se pressaient dans son esprit, sans qu'il pût s'arrêter à l'une d'elles ; lorsqu'un léger bruit de pas hâtés se fit entendre près de lui, sur les dalles de l'appartement ; il releva la tête et se vit en face d'une gracieuse jeune fille, dont les traits pâlis eussent révélé à un observateur plus calme les signes irrécusables d'une vive inquiétude.

— Doette !

— Renaud !

Crièrent deux voix comme par un seul élan d'amour ; et le noble cavalier pressa dans ses mains les mains tremblantes de la jeune fille.

3*

— Oh ! vous avez bien fait de venir ce soir,
mon cher sire !... je tremblais que les ordres
de monsieur le bailly du roi ne vous retinssent
toute cette nuitée....

— Pourquoi donc cela , ma tant douce amie ?
la ville de Bruges est aujourd'hui si calme
qu'on dirait un tombeau.... Et depuis le départ des exilés....

— Ah ! messire !...

— Pardon , pardon , Doette , de vous avoir
rappelé ce triste souvenir ! j'oubliais que
parmi ces infortunés se trouve quelqu'un qui
doit m'être bien cher aussi, puisque vous
l'aimez tendrement et que c'est votre père....
Las ! quand donc ces haines et ces guerres
finiront-elles ? quand pourrai-je aller mettre
un genou en terre devant Pierre de Coninck
et lui demander sa fille pour l'aimer d'amour
et la servir toute ma vie ?...

— Paix ! paix ! mon bon Renaud ; nous
parlerons de ces choses plus tard ; maintenant

revenons-en à ces leçons que je vous donne depuis deux jours ; mais surtout que mon écolier soit docile , ou je me fâcherai !....

Et Doette fit un signe de menace si coquet , si gentil à voir que, n'eût été son respect pour elle et la présence de la vieille tante , Renaud de Pernes l'aurait embrassée de grand cœur.

— Or ça , mettez-vous devant moi , sur cet escabeau , et répétez fidèlement ce que je vous ai appris hier.

— Encore ce vilain jargon de Flandre !...

— Qu'est-ce à-dire ? félon que vous êtes ! ce vilain jargon de Flandre !.. mais vous oubliez donc que je parle ce jargon-là , moi, et que j'ai bien juré (je vous l'ai dit asssez souvent pour vous en faire souvenir) que je n'aimerai et n'épouserai jamais qu'un homme qui sût parler le flamand tout comme s'il était né sur le grand marché de Bruges !

— Allons, puisque vous le voulez... Mais
pourquoi me faire toujours répéter les deux
mêmes mots? ce n'est pas là toute la langue,
j'imagine..... Apprenez-moi à dire : « Doette,
je vous aime....» je saurai cela tout de suite....,
tandis que ces deux mots insignifiants :
Schi...ild en Vr...riend!

— Grand Dieu! qu'il prononce mal!!!
s'écria Doette; et il y avait dans sa voix un
accent de terreur et d'inexplicable désespoir....

— Oh! mon bon Renaud, je vous en sup-
plie, écoutez-moi bien; regardez bien comme
font mes lèvres.... dites, dites vite ainsi :
Schild en Vriend! allons, *Schild...*

— *Schild...*

— C'est mieux; c'est presque cela! ô mon
Dieu, faites qu'il y parvienne! Tenez, Renaud,
ne dites pas Sch... comme si c'était che....val,
che...valier; notre langue n'est pas si douce

que la vôtre ; aspirez durement de la gorge :
— *Schild...*

— *Schild...*

— C'est cela , c'est bien ainsi ; *Schild en
Vriend !*

— *Schild en Vriend !*

— Juste ciel ! ne prononcez pas l'*e* de
Vriend comme vous faites ; mais allongez le
son de l'*i* en le laissant mourir ; dites : *Vriend...*

— Oh ! mais , apprenez-moi d'abord , ma
redoutée dame, ce que signifient ces deux
mots ; car plus j'y songe, plus je trouve extraordinaire le choix de ceux-ci entre mille
autres...., à moins qu'ils n'aient une douce
signification d'amour ?....

La jeune fille , d'abord vivement inquiétée
par la curiosité de son ami, sourit malicieu-

sement à ses dernières paroles , comme si
quelque heureux subterfuge lui venait tout à
coup à la pensée.

— Oui! Renaud, dit-elle , vous l'avez de-
viné : ces deux mots sont des mots du cœur....
car *Schild* veut dire *bouclier ;* comprenez-
vous? le bouclier qui protége.... le bouclier
de mon chevalier , derrière lequel je dois trouver un doux abri....

— Merci, merci, Doette! je sais ce mot-là
maintenant! *Schild! Schild!* entendez-vous ?
et l'autre ?

— *Vriend !* c'est ami... ami! ai-je besoin de
vous l'expliquer aussi celui-là?..... *Bouclier
et ami !*

— Ecoutez, écoutez , je les sais tous les deux
à présent! je veux vous les répéter cent fois :
Schild en Vriend! Schild en Vriend !

— Il l'a dit enfin! Seigneur Dieu! il l'a dit!!!

Et Doette ivre de joie, se jetant à genoux, leva les mains au ciel, pour lui rendre grâce.

Le sire de Pernes, qui n'avait cru que satisfaire par sa docilité un simple caprice d'enfant, resta tout étonné de ce cri de triomphe, de cette fervente prière à Dieu, pour un succès de si peu d'importance.

Mais la nuit s'avançait; déjà l'heure à laquelle le damoisel avait coutume de se retirer était passée; et Doette ne parlait pas de le congédier. La vieille tante s'était endormie dans son fauteuil. En ce moment la cloche du beffroi tinta douze coups; et l'on entendait au loin les sentinelles répéter le cri de veille, dans l'ombre... Le sire de Pernes se leva pour partir.

— Hé quoi! vous me quittez déjà, mon cher seigneur?...

Doette en disant ces mots, rougissait et tremblait....

— Jamais! oh! jamais! si tu le veux !...

Et voyant ainsi son amie trembler et rougir,
le beau damoisel oublia sa réserve ordinaire ;
une ivresse inconnue envahit son âme ; sa tête
se perdit à l'idée de tant d'amour ; il saisit
Doette dans ses bras et, la pressant contre son
cœur :

— Jamais! jamais! — répéta-t-il d'une voix
altérée par l'émotion.

Mais prompte comme l'éclair, la jeune fille
se dégagea de cette dangereuse étreinte, et se
redressant pâle et frémissante, sans proférer
une parole, d'un geste énergique elle montra
le Christ d'ivoire appendu à la muraille...,
puis jetant aux pieds de Renaud le carreau de
velours de son prie-Dieu, ils s'agenouillèrent
ensemble et se mirent à prier....

Laissons s'élever au ciel ces deux cœurs
d'ange, purs et chastes dans leur union, et,

descendant un étage, entrons dans la salle basse où nous attendent une autre scène et de nouveaux acteurs.

C'était une grande pièce sombre et froide qu'une lampe de fer accrochée à la voûte éclairait seule de sa lumière douteuse. Au centre, s'élevait une longue table, autour de laquelle étaient assis quinze à vingt personnages à la figure austère, au maintien sombre et réfléchi, qui s'entretenaient à voix si basse qu'à deux pas de leur cercle on n'entendait pas le murmure de leurs paroles. Il y avait parmi eux un vieillard de petite taille et privé d'un œil, qu'on reconnaissait sans peine pour leur chef, tant les autres l'écoutaient avec respect et déférence.

— Oui, mes maîtres, disait-il, j'ai pu traverser miraculeusement toute la ville sans être reconnu ; mais arrivé devant ma maison, j'ai trouvé un de ces maudits français qui avait l'air de faire le guet de l'autre côté de

4

la rue. D'abord j'ai pensé à m'en débarras-
ser par un bon coup de dague ; mais c'était
anticiper sur la justice de demain ; puis il
pouvait se débattre et râler trop bruyamment ;
d'ailleurs cette porte s'est ouverte tout aussitôt, et je suis venu au milieu de ceux qui
m'attendaient.

— Dieu soit loué ! seigneur de Coninck ,
tout est prêt dans Bruges ; nous n'attendions
plus que vous , et vous voici...

— Je n'ai pas voulu rentrer dans la ville
avant de m'être bien assuré des amis du dehors. Les exilés n'ont pas été loin de Bruges ;
partis d'hier seulement, ils n'auront pas fait
une longue absence : le temps d'envahir le
château de Damme, de tuer les goujats qui
le gardaient , de mettre le feu aux magasins
de Châtillon, et les voici qui reviennent dans
nos murs frapper le dernier coup. Jean
Breydel marchera toute cette nuit ; avant que
le jour n'ait paru , il sera devant la porte de
France avec nos cinq mille proscrits....

— Ses bouchers iront l'y rejoindre! ils sont tous en ce moment cachés en armes sous les halles de leur quartier... Vos tisserands de draps, messire Pierre, ont pris les hallebardes de leurs confréries; croyez-le, ils ne seront pas les derniers venus à l'appel de leur doyen!

— Allons, mes maîtres, le sort en est jeté : nous jouons notre dernière partie; mais cette fois point de pitié, point de merci! nous en sommes convenus : tout ce qui dort en ce moment de français dans Bruges, ne doit s'éveiller que pour mourir! J'ai dit à Breydel et à ses gens le mot d'ordre que nous avons arrêté l'autre jour ; il n'est pas fait, celui-là, pour être articulé par une bouche française! Tous ceux qui ne le prononceront point franchement et du plus pur accent de Flandre, doivent tomber frappés à mort.... C'était le plus sûr moyen pour empêcher nos dagues de se tromper d'adresse.... Les français seuls doivent périr !

— Ecoutez, amis ; l'entendez-vous? minuit sonne au clocher de St-Donat.... il est temps que chacun de nous se rende à son poste.

— Au revoir donc, mes maîtres ; la nuit est noire comme l'enfer ; vous pouvez vous risquer dans la rue sans crainte. Au premier tintement de la cloche d'allarme je serai sur la place du marché ; quant à vous, vous courrez d'abord aux portes pour que personne ne sorte de Bruges sans avoir subi l'épreuve convenue ; puis vous ramènerez les gens de vos métiers vers l'hôtel du gouverneur ; il ne faut pas surtout que celui-là nous échappe!... Widric, et vous, maître Van-der-helst, demeurez ; vous avez tous deux la main rude et sûre ; j'aurai besoin de vous...

Les conjurés sortirent l'un après l'autre de la maison et s'éloignèrent chacun dans une direction différente. Bientôt il ne resta plus dans la salle que Pierre de Coninck et les deux bourgeois qu'il avait retenus près de lui.

Pendant qu'ils continuent à s'entretenir à
voix basse, remontons près du jeune couple
que nous avons laissé priant à genoux aux
côtés de la sœur de Pierre de Coniuck, endormie dans son fauteuil.

— Seigneur Dieu ! — s'écria tout-à-coup la
vieille dame, en s'éveillant en sursaut, — vous
encore ici, à cette heure, messire de Pernes !...
Mais à quoi pensez-vous donc, Doette, de
garder toute une nuit ce damoisel céans ?...
Si mon frère venait à le découvrir !... Car
enfin Pierre finira par savoir que j'ai été assez
faible pour consentir à recevoir secrètement,
chaque soir, en son logis, un étranger et un
français encore !... Il est vrai que c'est un
brave et digne jeune homme, né en très-bon
lieu, et qui n'attend que la fin de nos guerres
pour vous requérir en mariage.... Il est vrai
encore que vous ne vous êtes jamais parlé que
devant moi.... Mais enfin, nous ferions mieux
de lui tout avouer.... ma conscience s'en trou-
verait plus légère... Après tout, Pierre ne veut,

ne désire que le bonheur de sa fille... et tenez,
puisque vous voilà tous les deux prêts à
demander son consentement, je vais descendre
le prier....

— Que dites-vous donc, ma vénérée tante?
Vous savez bien que mon père est exilé... qu'il
n'est pas dans Bruges....

Doette était pâle comme un lys ; et la vieille
dame épouvantée d'avoir laissé échapper ce
qu'on lui avait dit être un secret de vie ou de
mort, restait immobile et comme terrifiée par
son imprudence.

Heureusement pour elle, les amoureux n'en-
tendent et ne comprennent que ce qui a rap-
port à leur tendresse.

— Vous avez raison, madame, — fit Renaud
avec naïveté ; — je ne veux pas même qu'un
soupçon mal séant plane sur celle qui doit

m'être fiancée.... Je vais me retirer sur-le-
champ.

Et il se dirigeait vers la porte.

— Oh ! de grâce ! ne sortez pas,.... — s'écria
Doette avec terreur.— Prions , prions encore
ensemble.... comme si nous allions mourir
tous deux à cette heure....

— Mourir ! Que signifie ce mot dans votre
bouche , ma bien aimée ? Oh ! non , ce n'est
pas à vous à parler de mort , vous si jeune,
si belle....; devisons plutôt d'espoir , de bonheur, de vie...; car, moi aussi , je tiens à vivre,
depuis que je me sais aimé de vous , depuis
ce jour où , dans la grande fête donnée au roi
notre sire en l'hôtel de Ghistelles , je jurai
sur l'âme de ma défunte mère que jamais je
n'aurais d'autre dame et compagne que vous...
Mourir ? mais Doette , ma douce amie , je
ne puis mourir avant d'avoir reçu ta foi au
maître-autel de St-Donat !...

— Ah ! Renaud, Renaud, si vous saviez !...

Vaincue par son amour, Doette allait trahir
le secret de son pays, et apprendre à son ami
le danger qui le menaçait lui et tous ses com-
patriotes ; mais une pensée la retint : dire un
seul mot de ce mystère terrible, c'était livrer
son père et tous les siens à l'implacable vengeance de Chatillon !... Puis encore, la fille de
Pierre de Coninck était flamande de cœur
autant que de naissance ; elle pouvait bien
aimer un français, mais elle abhorrait l'ini-
que pouvoir des oppresseurs de sa patrie.
« Que je le sauve lui, lui seul ! » pensait-elle ;
« et que tous les autres meurent ! car j'aime
» cet homme et j'aime mon pays !... »

— N'est-ce point déjà l'aube matinale,
cette ligne blanche qu'à travers les vitraux,
je vois poindre à l'orient ? — demanda la vieille
dame, en soulevant les draperies d'une
croisée.

— Grand Dieu ! déjà le jour ! Ah ! Renaud prions ! prions ! vous dis-je !.... remettez-vous là à genoux , près de moi.... mais auparavant dites , mon doux seigneur , dites-moi encore une fois , une seule fois , les deux mots que vous savez !....

— Qu'est-ce cela ? Écoutez , écoutez !.... N'entendez-vous point , comme le son d'une cloche d'alarme ?.... et ce bruit lointain.... cette sourde rumeur qui s'avance en grondant comme le tonnerre ?... Ciel ! ces cris dans la rue..... Doette.... madame....! écoutez ! — « Tue ! tue ! mort aux Français !.... »

Et se dégageant d'entre les bras des deux femmes qui s'efforçaient de le retenir, Renaud de Pernes se précipita vers l'une des fenêtres qu'il ouvrit en la brisant.

Alors , à travers les lueurs indécises du cré-puscule , un étrange spectacle s'offrit à sa vue.

Des bandes d'hommes du bas peuple, les
vêtements en lambeaux, les bras nus, une
torche d'une main, un couteau de l'autre,
couraient par la ville, arrêtant au passage
ceux que le bruit faisait sortir de leur demeure ; on eût dit que ces hommes adressaient
une question à tous ceux qu'ils abordaient
ainsi ; et sur leur réponse, ils laissaient aller
les uns et renversaient les autres morts à leurs
pieds. Parfois ils pénétraient de force dans les
maisons, et bientôt après, on voyait, lancés
par les fenêtres, des corps sanglants rebondir
sur la chaussée... Quelques-unes des victimes
marquées pour cette boucherie avaient eu le
temps de s'armer : c'étaient pour la plupart
de vieux hommes d'armes que la mort avait
épargnés au milieu de vingt batailles ; ceux-là
se défendaient bravement, jusqu'à ce que,
succombant sous le nombre, ils allassent
grossir les monceaux de cadavres qui déjà
s'entassaient par les rues.

En ce moment, trois hommes sortirent de
la maison même d'où le sire de Pernes con-

templait cette scène de carnage ; et quel ne
fut pas l'étonnement du français, lorsque,
la lueur des torches étant venue à se refléter
sur le visage de l'un d'eux, il reconnut le père
de Doette, Pierre de Coninck, le proscrit !

A peine ces trois hommes eurent-ils franchi
le seuil de la porte, qu'une bande armée les
entoura ; déjà les poignards effleuraient leur
poitrine; mais le plus petit des trois, se redressant avec fierté, articula d'une voix stridente:
— *Schild en vriend!* — Et les rangs des meurtriers s'ouvrirent devant eux....

Alors Renaud comprit tout... et, des larmes
dans les yeux, les mains tendues vers son amie :

— Merci, oh ! merci, Doette, s'écria-t-il; je
te garderai (si je le puis sans déshonneur), fidèle
et dévouée la vie que tu as voulu me conser-
ver! Adieu, adieu ! je cours maintenant où le
devoir et le service du roi de France m'ap-
pellent....

Avant que la jeune fille eut songé à le retenir, il était hors de la chambre ; et bientôt on entendit se refermer derrière lui la porte de la rue.

Haletante d'effroi, Doette se tenait penchée sur l'appui de la fenêtre, les regards avidement attachés aux pas de l'homme qu'elle aimait de tant d'amour. Dès qu'il parut au dehors, les bourreaux se ruèrent sur lui ; vingt poignards se levèrent à la fois ; mais les écartant d'un geste digne et calme, et regardant les meurtriers en face, Renaud de Pernes prononça d'une voix assurée les deux mots enseignés par Doette : *Schild en Vriend !* aussitôt les bras prêts à frapper s'abaissèrent ; quelques têtes même se découvrirent avec respect ; car il y en eut dans la foule qui, ayant remarqué d'où sortait ce cavalier, le prirent pour quelqu'ami de leur chef Pierre de Coninck, le doyen des tisserands de draps.

— Il est sauvé ! murmura Doette, d'une voix éteinte, et elle tomba évanouie aux bras ds sa tante.

SCHILD EN VRIEND.

III.

1302.

III.

LA BATAILLE.

Il avait été terrible le réveil du lion de
Flandre ! Plus de trois mille français étaient
tombés sous le poignard des Brugeois. Cependant les deux hommes sur lesquels se concen-
trait surtout la haine nationale, l'inflexible
Jacques de Chatillon et son astucieux lieutenant

Pierre de Flotte, avaient, comme par miracle, •
échappé au massacre ; le premier était allé
à Paris annoncer à Philippe-le-Bel le désastre
de Bruges, et appeler une vengeance implacable sur les flamands révoltés. Toute la France
s'émut à cette sanglante nouvelle ; la noblesse
en masse leva bannière ; et deux mois après,
Robert, comte d'Artois, entrait en Flandre, à
à la tête d'une armée formidable.

Les flamands, de leur côté, avaient com-
pris qu'une partie si rudement engagée devait
se gagner sous peine de la destruction com-
plette de leur nationalité. Les tisserands et
les bouchers de Bruges se rangèrent sous les
ordres de Pierre de Coninck et de Jean Breydel, leurs doyens ; ils appelèrent à eux les
corps de métiers de toute la Flandre. Deux des
fils du vieux comte, prisonnier à Compiègne,
qui s'étaient soustraits au malheureux sort de
leur père, Jean, comte de Namur, et son
frère Gui, ainsi que leur neveu, Guillaume

de Juliers , archidiacre de Liège , prirent le commandement de toutes ces corporations armées. Quoique plus de cinquante nobles flamands fussent retenus par Philippe-le-Bel dans les prisons de France , et que la plupart des seigneurs appartinssent au parti des Léliaerts , beaucoup de braves chevaliers , comprenant mieux la gloire de leur pays , se joignirent à cet immense mouvement populaire ; on citait surtout, parmi eux, Jean de Renesse et le valeureux Jean Borluut de Gand , lequel amena à lui seul sept cents combattants , presque tous ses proches ou les alliés de sa famille. Si bien , qu'en la soirée du 10 juillet 1302 , une armée de soixante mille flamands campait dans la plaine de Groningue , près de Courtrai , pendant que Robert , comte d'Artois , dressait ses tentes au midi de la même ville , sur une hauteur appelée aujourd'hui le *Pottelberg.*

Il était écrit qu'à un siècle de distance Bou-
vines aurait sa revanche sanglante.

La nuit était venue ; et ces lieux qui, au
lever du soleil, devaient être témoins d'une
lutte gigantesque, offraient alors le plus étrange spectacle. D'un côté, c'était une plaine basse
et marécageuse, entrecoupée de fossés et de
ruisseaux fangeux, d'où s'élevait une vaste et
sourde rumeur de voix humaines, de cliquetis
de fer, de roulements de chariots, de hennissements et de beuglements lointains ; tandis
qu'au sein de ce sinistre grondement, on voyait
courir dans l'ombre les mille lueurs de la
veillée d'armes, comme autant de feux follets
se jouant sur les marécages. C'est qu'au bout
de cette plaine s'agitait le salut de la patrie, le
dernier espoir de la Flandre : des bourgeois
paisibles, des ouvriers, inhabiles au métier des
armes, dont l'amour de l'indépendance avait fait
des soldats, et qui s'avançaient à pied, la poitrine nue, au devant des longues lances, des

chevaux bardés de fer et des impénétrables cuirasses de la gendarmerie française.

Certes, il ne fallait pas s'attendre à rencontrer l'ordre et le silence dans le camp de ces guerroyeurs improvisés ; chacun s'était établi de son mieux autour de la bannière de sa corporation ; des femmes , des enfants avaient voulu suivre leur père , leur mari ; tout l'attirail d'un ménage accompagnait la famille en campagne ; et les flamands , fidèles à cette vieille réputation de gourmandise que des siècles ont consacrée , organisaient leur cuisine, mangeaient et buvaient , assis sur l'herbe , invitant au repas leurs confrères de métier des autres villes , et se traitant de voisinage à voisinage, tout comme s'ils eussent été derrière les bonnes murailles d'Ypres , de Bruges ou de Gand. Du reste , chaque doyen veillait aux libations des hommes de son métier ; et tous comprirent que ce n'était pas le moment de s'enivrer....

Aux serfs et manants des communes de Flandre, la plaine basse et l'humide brouillard des marais ; à la noblesse française, à la fleur de la chevalerie, l'air pur et les lieux élevés ; nous l'avons dit : Robert, comte d'Artois, campait sur les hauteurs du Pottelberg.

Là s'élevaient des tentes hautes et somptueuses, portant orgueilleusement déployés à leur sommet les pennons armoriés de leur maître ; autour de chacune d'elles, s'étaient étendus sur leurs armes des soudards nombreux et disciplinés, tandis qu'au bas du monticule, et dans la direction de la plaine de Groningue, on voyait aller et venir des arbalétriers placés en sentinelle. Elle reposait calme et confiante, cette belle armée française qui s'était endormie près de l'ennemi, presque honteuse d'avoir à combattre, le lendemain, une tourbe de populaire ameuté.

Entre les deux camps, au centre de la plaine, et en face des remparts de Courtrai,

se dressaient dans les ténèbres les sombres
murs de l'abbaye de Groningue , asile de paix
et de prière qu'allait troubler, jusqu'au fond de
ses cloîtres , le fracas de deux armées qui se
heurtent. Quelques chefs des troupes flamandes
avaient , dès la veille , confié à ce lieu invio-
lable , l'un sa femme , l'autre sa fille , pensant
bien que , le lendemain , sur le champ de bataille , français et flamands n'auraient qu'une
même pensée , un même cri : — Malheur aux
vaincus !

En attendant , la soirée se montrait pure et
calme comme à la veille d'un jour de fête; et
pourtant , plus d'un regard s'arrêtait avec terreur sur ce beau ciel étoilé ; car, vers l'occi-
dent, apparaissait, échevelée et sanglante ,
une énorme comète dans laquelle les nécromants et sorciers avaient lu le présage d'une
grande catastrophe. Dieu l'avait mise là pour
annoncer à des milliers d'hommes que leur
heure était venue, qu'il était temps de prier... [1]

[1] A. Voisin, *Messager des sciences et des arts,* tom. II,
p. 369.

Depuis longtemps déjà toute lumière était
éteinte sur le Pottelberg, et l'on entendait les
sentinelles françaises se renvoyer le cri de veille
de minuit, lorsqu'un homme couvert d'une cui-
rasse dépolie, et sans panache à son cimier,
comme s'il eût craint que quelque chose en son
armure n'attirât les regards, quitta le camp
de Robert d'Artois, descendit dans la plaine
et se dirigea vers l'abbaye de Groningue,
l'œil au guet, l'oreille tendue et la main sur
sa dague. Cet homme marcha longtemps
dans l'obscurité, s'arrêtant par intervalles,
comme s'il était peu sûr du chemin qu'il
fallait suivre; déjà le vent lui apportait le
vague bourdonnement d'une rumeur loin-
taine, déjà il voyait luire de plus près les
feux du camp ennemi, lorsqu'une voix rau-
que, s'élevant de derrière la ceinture de joncs
qui bordait le marécage, cria en flamand :
— Qui va là ?... — Le français n'eut que le
temps de se jeter à terre ; une longue flèche,
passant sur sa tête, alla derrière lui se planter
en sifflant dans l'écorce d'un saule. On eût

dit que cet incident venait de le fixer sur la
direction à prendre ; car, se relevant tout à
coup, il marcha d'un pas précipité vers la droite,
longea le ruisseau qui coupait la plaine par
le milieu, et s'arrêta bientôt devant l'abbaye.

Alors on vit une forme blanche, se
détachant de la masse imposante du monastère, courir à la rencontre du mystérieux
rôdeur de nuit ; deux noms prononcés à la fois
retentirent dans le silence, et une jeune fille
vint tomber pâle et tremblante entre les bras
de l'homme d'armes français.

— Dieu soit loué, Renaud ! tu as reçu mon
message, et te voilà !....

— O, Doette, ô ma bien aimée ! tu t'es sou-
venue, n'est-ce pas, que je pouvais mourir
demain, et tu as voulu me revoir encore cette
fois.... ma vie pour cette bonne pensée !....
Mais tu pleures, ma Doette ! lorsque je sens

mon âme toute remplie de la joie de te revoir, tu pleures, toi !....

— Las ! mon bon Renaud, regarde où nous
sommes : là bas, sous la bannière de Flandre,
mon pays, ma famille, mon père...., de ce
côté, sous l'étendard aux fleurs de lys, la
France, nos oppresseurs, toi...., et là haut....
oui, regarde là haut, dans le ciel, ce signe
terrible qui annonce le sang et la mort pour
demain....

— Ah ! Doette, ne te laisse pas aller ainsi
à ces affreuses pensées ; Dieu est bon, il
bénira notre amour ; il te conservera ton
père ; demain, je veux le chercher dans la
mêlée, et si quelqu'épée française menace
sa poitrine, oui, tu peux y compter, il y
aura là un bras prompt à détourner le coup....

— Mais toi, mon Renaud, toi, qui veillera
sur tes jours ?....

— Oh ! ceux-là seront bien gardés , je te jure.... Demain, avant la bataille , sur le front de l'armée , je recevrai du comte d'Artois lui-même l'accolade de chevalier ; et un chevalier, vois-tu , fait payer cher sa vie à qui veut la prendre....

— Quand , ô mon Dieu, finira cette horrible guerre ! toujours souffrir ! toujours trembler pour ce que j'ai de plus cher au monde, pour mon père , pour toi, Renaud.... car , je le sens, toute ma vie est désormais liée à la tienne.... Toi parti, je n'ai pu rester à Bruges ; un secret pressentiment me disait que nous devions nous revoir ; j'ai supplié à genoux mon père de me laisser suivre l'armée jusqu'ici ; hier , il m'a conduit dans cette sainte demeure, d'où je t'ai envoyé le message qui maintenant te ramène près de moi.

— Oh ! tu as bien fait, ma Doette, tu as bien fait de venir, toi aussi , dans la plaine

de Groninguc!... Du haut de ces murs tu pour-
ras voir la bataille ; c'est sous tes yeux que
je vais combattre!... Cette seule pensée dou-
ble mon courage... Et puis, je le sens là , c'est
comme une prédiction qui parle en mon cœur :
demain avant la nuit, à cette même place, tu
me retrouveras digne de mon nouveau titre de
chevalier, digne de toi....

— Écoute , Renaud.... écoute.... entends-
tu ces voix, ces pas qui s'approchent?.....
fuis... oh! fuis.... ce sont des flamands....

— Qu'ils viennent alors!.... ce sera un à-
compte pris sur la journée de demain... qu'ils
viennent !

Et Renaud de Pernes tira son épée.

—Grand Dieu! que fais-tu ? — s'écria Doette
avec terreur ; — ne reconnais-tu pas cette voix
qui domine les autres voix ?... Mon père !....

Renaud, c'est mon père !... Adieu , mon doux
ami, adieu !....

Doette se précipita vers la porte de l'abbaye ; et Renaud qui , lui aussi , venait dé re-
connaître la voix de Pierre de Coninck , resta
un moment à la même place , immobile et
désespéré ; puis il reprit à pas lents la route
du camp français.

— Vous avez raison , seigneur de Coninck;
— disait un chevalier de haute stature ,
au milieu d'un groupe de guerriers qui
parcourait la plaine, comme pour en recon-
naître le terrain, — votre avis est le meilleur;
il faut les attendre dans ces marécages ; nous
verrons comment leurs lourds destriers se ti-
reront de là... Mais voici que le ciel blanchit à
l'orient ; m'est avis , mes seigneurs , qu'il est
temps de retourner à nos bannières.

Obéissant à ce conseil comme à un ordre , la

petite troupe d'éclaireurs s'éloigna tout aussitôt de l'abbaye.

Le chevalier disait vrai : les étoiles pâlissaient et s'effaçaient du ciel les unes après les autres ; le jour allait paraître. Un épais brouillard s'était mis à floconner à la pointe des herbes ; de sorte que de loin, la plaine de Groningue apparaissait comme un vaste lac, d'où sortait, à l'horizon, une forêt de piques et de bannières flottantes.

Si le voile qui la couvrait alors se fut tout à coup relevé, on eût pu voir toute l'armée flamande agenouillée sur l'herbe humide, se confessant aux moines qui l'avaient suivie, invoquant le dieu des batailles et recevant la bénédiction d'un vénérable prêtre qui, placé au centre de cette ligne immense, élevait le Saint Viatique sur les fronts inclinés. En cet instant solennel, comme pour participer à la communion du Dieu Sauveur, et témoigner de leur dévoue-

ment au sol de la patrie, tous les soldats, d'un
mouvement simultané, prirent à leurs pieds
un peu de cette terre qu'ils allaient arroser de
leur sang et la portèrent à leurs lèvres... Tout
à coup, le principal chef de l'armée flamande,
le jeune Gui de Dampierre, se releva et tendant
son épée vers le ciel, il cria d'une voix retentis-
sante : — Flamands! voici l'heure venue de
combattre sans trève, ni merci.... debout le
lion de Flandre! laissez flotter l'étendard de
St-George! au vent bannières et pennons!....
Dieu sera pour nous!....

Un immense nuage de poussière s'avançait
du côté du Pottelberg ; déjà les premiers
rayons du soleil, aidés d'une brise fraîche et
pénétrante, avaient dissipé le brouillard ; et
bientôt les flamands virent se déployer devant
eux les innombrables escadrons de la cavalerie
française.

Jamais plus belle armée n'avait paru en

rase campagne ; tout ce que le royaume possé-
dait de grands noms , de hautes renommées ,
de brillante et valeureuse chevalerie , tout l'espoir, tout l'orgueil de la France était là ; un
prince du sang royal , le noble et vaillant
Robert , comte d'Artois , marchait à la tête de
ces forces imposantes. Tout à l'entour de sa
bannière , se pressaient , couverts d'armures
étincelantes , Thibaut II , duc de Lorraine ; le
comte de Boulogne ; Jean-sans-quartier , fils
du comte de Hainaut ; Jean, comte de Tancarville ; Jean Ponthieu , comte d'Aumale ;
Jacques de Chatillon ; Hugues de Bruymen ,
comte de la Marche et d'Angoulême ; le comte
de Soissons ; le comte d'Abbeville ; le comte
de Foix ; et tant d'autres des plus braves ,
des plus puissants barons de la chrétienté.

Il était sept heures du matin. Les Français
s'étaient approchés de leurs ennemis , à deux
traits d'arc , jusqu'au bord d'un ruisseau fangeux couvrant le front de l'armée flamande

qu'on voyait adossée à la Lys , comme si elle
avait voulu se forcer à vaincre, en se rendant
la retraite impossible. Arrivés là , le comte
d'Artois et les chevaliers qui l'entouraient se
montraient les uns aux autres, avec un geste de
mépris , cette cohue de manants retranchés
dans les marais ; mais le connétable Raoul de
Nesle , vieil homme de guerre aussi prudent
qu'expérimenté , hocha la tête et se mit à dire :

— Monseigneur d'Artois , si vous voulez
m'en croire, nous ne passerons pas ce ruisseau.... ces marécages ne valent rien pour le
pied de nos montures ; attirons ces truands
sur la terre ferme , et nous en aurons bon
marché....

— St Denis! St Denis ! — cria le prince pour
toute réponse ; et mettant l'éperon au ventre
de son cheval, il franchit le ruisseau; tous
le suivirent.

Le corps de bataille des flamands ne bougeait
pas....

Mais à peine cette impétueuse cavalerie
fut-elle à l'autre bord, que les pesants destriers
s'enfoncèrent dans la tourbe jusqu'aux arçons.
Les escadrons culbutèrent les uns sur les autres dans un désordre épouvantable. L'armée
française était perdue !......

Alors , semblable au rugissement d'une
bête fauve qui fond sur sa proie , un immense
cri s'éleva du fond du marécage :

— Sus ! sus ! Flandre au lion ! Flandre
au lion ! — Et les communes flamandes se
ruèrent, piques baissées , sur leurs ennemis
desarçonnés. La victoire ne resta pas un seul
instant indécise ; ce fut moins une bataille
qu'une effroyable boucherie ; les flamands ,
s'étaient juré de ne faire ni butin, ni prisonniers ; ils tinrent parole.... tout ce qui
tomba de cheval fut massacré. Le comte d'Artois lui-même, après des prodiges de valeur,
renversé, lui et son cheval, d'un même coup de

massue, eut beau demander un chevalier pour
lui rendre son épée ; on lui répondit *qu'on ne
comprenait pas le français....* et un boucher
de Bruges lui plongea son coutelas dans la
gorge. ꞌ

Deux heures après, vingt mille français gis-
saient épars dans la plaine de Groningue.
Parmi ces morts, on comptait soixante-quinze
princes, ducs, comtes ou barons, plus de
mille simples chevaliers et plus de trois mille
nobles écuyers. Les éperons d'or s'y ramas-
saient par boisseaux....

Lorsque tout ce carnage fut fini, lorsque le
champ de bataille eut revêtu son silence de
mort, on vit, du milieu de cette vaste hécatombe,
se relever à demi un homme-d'armes tout
souillé de sang et de poussière. Appuyé sur

ꞌ *Bataille de Courtrai*, par A. Voisin, *Messager des
sciences et des arts*, tome II.

le tronçon de son épée, il se traînait lentement
vers les murs de l'abbaye de Groningue ; à
chaque instant, ses forces l'abandonnaient,
et il s'affaissait épuisé sur les monceaux de
morts entassés autour de lui ; puis bientôt,
comme ranimé par une pensée puissante, on
le voyait se redresser avec peine et faire quelques pas encore...... Enfin il touchait au but,
il allait atteindre l'entrée du monastère, lorsqu'une dernière fois ses jambes plièrent sous
lui, et il tomba sur les genoux, sans pouvoir se
relever...... Alors ses deux mains se tendirent
tremblantes vers le pieux asile ; une parole
d'adieu, un râle suprême sortit de dessous
sa visière abaissée, et son corps roula sans vie
parmi ses frères d'armes étendus sur le sol...

Au même instant, les portes de l'abbaye
s'ouvrirent; une jeune fille accourut, le regard
égaré, les cheveux en désordre ; elle se jeta sur
le cadavre mutilé, détacha le casque du soldat,
et voyant son front livide, ses yeux fermés,

ses traits immobiles, elle se prit à crier à travers ses sanglots :

— Renaud, mon doux ami ! Renaud, mon bien aimé ! je t'avais donc en vain sauvé du massacre de Bruges !...

Or, à quelques jours de là, l'abbesse de Groningue reçut les vœux d'une sœur nouvelle qui avait nom Doette de Coninck, la fille du doyen des tisserands de draps.

CHARLES - LE - MAUVAIS.

I.

1356.

—

I.

LE MARAIS.

Le 25 octobre de l'année 1356, vers le soir, trois hommes sortirent mystérieusement d'une hutte de pêcheurs bâtie au milieu des marais de Branemont. — Un de ces hommes s'avançant vers un groupe de saules peu distant de la cabane, délia deux chevaux andalous qui paissaient tranquillement en cet endroit, abrités ou plutôt dérobés aux regards des passants par d'énormes monceaux de tourbes, puis les amena aux deux autres, lesquels sautèrent prestement dessus. — Le varlet s'achemina vers un petit sentier frayé près de la chaumière, et les cavaliers, après s'être enveloppés de leurs manteaux et avoir rabattu leurs chaperons, le suivirent en silence et en modérant le pas de leurs montures.

Ils marchèrent quelque temps de la sorte, suivant des chemins profonds, tortueux et recouverts de broussailles, tantôt étroits et élevés, bordés de palissades et baignés à droite ou à gauche par l'eau des *clairs* ou des tourbières. — Enfin un des cavaliers relevant la tête, qu'il tenait presque constamment baissée comme tout homme livré à de graves réflexions, jeta sur le guide un regard indicible, et l'interpellant tout à coup :

— Holà! guerroyeur d'anguilles, regarde-moi !

Le pêcheur tressaillit et tourna la face.

— Tu l'as bien entendu..... Un beau carolus d'or si avant une heure nous arrivons sains et saufs au bois d'Oisy ; dix égratignures de ce hameçon si tu nous entraînes dans quelques filets..

Et ce disant, il fit reluire la lame damassée d'une dague cachée sous son manteau.

Un frisson secoua les membres du manant, qui n'osa souffler mot.

Et les deux cavaliers continuèrent de chevaucher sur les traces de leur guide, échangeant à de longs intervalles quelques phrases prononcées dans une langue que ces lieux entendaient sans doute pour la première fois. L'air sombre et taciturne de ces étranges person-

7*

nages, l'empressement bizarre qu'ils mettaient
à éperonner leurs coursiers, le mystère qui
voilait leur démarche, et puis le silence de la
nuit qui s'avançait, et puis l'aspect sauvage
et agreste des marécages au milieu desquels ils
se trouvaient, tout cela avait quelque chose
d'effrayant et de satanique : aussi n'était-ce
pas sans un sentiment de terreur bien naturelle à toute âme vulgaire et superstitieuse
que le manant de Brunemont, déjà intimidé
par des promesses fort extraordinaires, avait
hâté le pas. A mesure que la frayeur s'empa-
rait de lui, sa marche devenait plus rapide et
plus précipitée. Inondé d'une sueur glacée,
il avançait toujours sans oser se retourner, et
les cavaliers, satisfaits de ce qu'ils prenaient
pour de l'empressement, doublaient, triplaient
l'allure de leurs chevaux, doublant, triplant
aussi l'épouvante et la marche du pauvre
pêcheur.

Les dernières clartés du jour avaient disparu ; le couvre-feu tintait à tous les clochers

des environs, et d'humides vapeurs commen-
çaient à s'élever au-dessus des marais, déro-
bant peu à peu à la vue les villages, les
hameaux, les huttes des pêcheurs, les tourbières, les herbages et les joncs de la route.
— Dans le lointain, quelques lumières bril-
laient çà et là aux fenêtres des manoirs iso-
lés..... Enfin la nuit fut bientôt noire et
profonde.

— Par saint Jacques de Compostelle, sire
Rodriguez, dit à son compagnon le cavalier
qui allait en avant (le sentier étant trop étroit
pour chevaucher deux de front), je ne vois
plus, je n'entends plus ce chat sauvage qui
nous guide à travers ce marais et qui tout à
l'heure trottait de si belle allure.

— Nous aurait-il échappé, Hernando?

— Non, Rodriguez, non, le rustre ne l'oserait. Il aura pris les devants : il court comme
un lièvre aux abois.

— Ho! hé! don Ghislain, puisque ainsi
l'on te nomme, où es-tu donc? te serais-tu
plongé dans cet étang pour te rafraîchir?

— Pitié! messeigneurs, pitié! fit le manant,
qui s'était laissé choir de lassitude et de
terreur aux pieds des chevaux dans un bouquet
d'herbes touffues. Pitié!... Je viens de voir
une *leumerette* ¹ là-bas, là-bas, à droite,
devers le Forestel..... Tenez, la voilà encore;
c'est une âme du purgatoire..... Ah! mes
maîtres, ah! nous sommes perdus! N'avan-
çons pas, car la leumerette ne manquerait
pas de nous éblouir pour nous entraîner avec
elle dans les *clairs*.

Ayant dit ces mots d'une voix lamentable,
Ghislain défubla en tremblant son bicoquet
de peau de loutre, se signa, joignit les mains
et murmura dévotement un *De profundis*.

Les cavaliers s'étaient arrêtés. Jetant les

_____

¹ Le fourlore ou feu-follet.

yeux vers la droite, ils ne tardèrent pas à voir dans le lointain une lueur rougeâtre et vacillante, laquelle ressemblait en effet à ces feux-follets que l'on aperçoit si souvent dans les marais. Toutefois cette lumière offrait un effet extraordinaire et magique : elle s'éclipsait, reluisait subitement, s'avançait peu à peu, s'évanouissait de nouveau, puis tout à coup reparaissait plus loin.

— Vision terrestre ou surnaturelle, interrompit brusquement don Hernando d'Ayana, être vivant, âme de trépassé, rien ne doit, rien ne peut nous arrêter en ce moment !

— Non, certes, reprit Rodriguez d'Urris, le temps est trop précieux pour nous ébaudir davantage à la vue d'un cierge qui court tout seul à travers les marais. — Allons, relève-toi et avance, timide vassal de nonnes : si dans un quart-d'heure nous ne sommes pas hors des terres de ton abbaye du Verger, tu pourrais bien sentir ma dague faire des entaillades à ton peliçon de chanvre.

Le paysan se redressa sur ses jambes en tremblant et voulut reprendre la voie ; mais tout ce que ses yeux venaient de voir , tout ce que ses oreilles venaient d'ouïr , l'avait jeté dans un tel état de saisissement et de trouble qu'après avoir marché quelques pas au hasard dans l'obscurité , il se trouva tout à fait perdu. N'osant l'avouer , il avançait toujours , se dirigeant tantôt à droite , tantôt à gauche , comme l'aurait fait un homme ivre ; mais force lui fut bientôt de s'arrêter tout court..... il avait les pieds dans l'eau.

— Nous sommes égarés , mes maîtres , dit Ghislain avec un son de voix plaintif.

— Égarés ! s'écrièrent à la fois les deux cavaliers.

— Hélas ! oui ! et pourtant j'avais dit un *Pater* à M. saint Julien au sortir du logis..... Mais la lune ne tardera plus à se lever.

— Paix, misérable ! proféra Hernando
d'Ayana en frappant du poing sur le pom-
meau de sa selle.

— Tu es bien heureux, drôle, que nous
ayons encore besoin de tes services ; ton âme
irait bientôt tenir compagnie à celle qui rôde
déjà dans ces parages.

— *Por Dios !* nous ne pouvons coucher ici,
s'écria Hernando en poussant son cheval en
avant.

— Arrêtez, beau cousin, arrêtez, nous
sommes entourés d'eau de toutes parts..... Ne
vous désespérez pas, il n'y a point de temps de
perdu : l'heure du rendez-vous est encore
éloignée, et songez qu'après avoir rejoint nos
gens, il faudra, pour nous remettre en marche, ouïr les nouvelles que Baudry nous
apportera du Forestel , et il ne saurait être
sitôt de retour. Attendons, attendons, s'il
vous plaît, que la lune veuille bien nous
éclairer.

— Attendons, reprit Hernando avec l'intonation d'un homme qui se dit : » Il faut vouloir ce qu'on ne peut empêcher. »

Et après une légère pause :

— Pourvu que ce vieux renard de Tristan du Bois ait donné dans le piége.

— Quant à cela, messire, j'en répondrais sur mon chef... et il n'aurait point quitté son terrier que nous serions gens à l'y enfumer..... Mais retirons-en toujours le gibier qui s'y trouve enserré.....

— Que Notre-Dame d'Ayana vous entende, Rodriguez !

Et ils devisaient de la sorte depuis quelques minutes quand tout à coup un bruit vint frapper leurs oreilles. Ils se turent. On eût dit un mélange confus de hennissements de chevaux, de voix d'hommes, de cliquetis d'armes. Ce bruit devenait de plus en plus distinct et semblait se rapprocher. Puis, subitement, voilà qu'une clarté blafarde apparaît à une portée de flèche environ.

C'était, à n'en pas douter, cette même lueur qui depuis une demi-heure voltigeait à travers les marais.

Ghislain était tombé la face contre terre. Hernando d'Ayana et Rodriguez d'Urris regardaient immobiles et silencieux. Dès que leurs yeux cessèrent d'être éblouis, ils virent un cavalier portant une torche enflammée et chevauchant avec une grande vitesse sur la lisière d'un bois. D'autres cavaliers fort nombreux sortaient peu à peu d'un épais fourré et galopaient sur ses traces. Cette scène fut de courte durée, car soudain l'éclaireur rentra dans un taillis, la troupe passa dans l'ombre, et bientôt l'on ne vit plus, l'on n'entendit plus rien.

— C'est lui-même.... c'est Tristan du Bois,

8

le geôlier du Forestel , dit Rodriguez en poussant un éclat de rire. — Avouez , cousin , que la farce est des mieux jouée... Le vieux court au châtel de Crève-cœur trouver son dauphin de Viennois avec ses meilleurs gens d'armes.— Ah ! vive Dieu ! l'affaire va bien , et le roi notre sire verra demain lever ce soleil qui depuis si long-temps ne luit plus pour lui.

— Il ne le verrait pas, reprit d'une voix sombre le sire d'Ayana , s'il plaisait à Dieu ou au diable de nous tenir nous-mêmes prisonniers en ces maudits marais.

A peine il achevait ces mots que la lune , se dégageant des nuages qui l'entouraient , apparut belle et resplendissante au sommet des grands chênes du bois d'Oisy.

CHARLES -LE - MAUVAIS.

II.

1356.

—

II.

LE MESSAGE.

Dans la vallée marécageuse que baigne la
Senzée, au sud-est de la ville d'Arleux et au
nord de l'abbaye du Verger, s'élevait le Forestel, un des plus inaccessibles et des plus
solides donjons que possédassent au moyen
âge les provinces de Flandre, d'Artois, de

8*

Hainaut et de Cambresis. — C'était en effet
une admirable position pour cette forteresse
que ces immenses marais qui s'étendent depuis
l'abbaye du Verger jusqu'à Écourt - Saint -
Quentin , embrassant en longueur et en largeur
une superficie de plusieurs lieues ; marais
parsemés de tourbières , d'étangs larges et
profonds , de torrens et de ravins dissimulés
par de grandes herbes , et au milieu desquels
le Forestel se trouvait jeté comme un nid de
canard sauvage. — Quand des hauteurs d'Oisy,
de Bugnicourt ou de Cantin on portait les
yeux sur les marais , l'âme se resserrait tris-
tement à l'aspect de cette lourde masse de
pierres , flanquée de tours , semblant sortir
des eaux et se détachant sur un horizon presque toujours gris et brumeux. Si l'on s'ap-
prochait du Forestel , on n'apercevait que des
murailles de grès verdies par le temps , sans
aucuns détails d'architecture gothique , qui
rendaient les édifices de cette époque si pitto-
resques. Là , point d'élégantes tourelles à bal-
cons historiés , point de portiques à griffons ,

à palmettes , à colonnes tordues ; point de cariatides aux toits ; aux fenêtres point de trèfles , de vitraux coloriés , enfin nul vestige de ces ravissantes créations artistiques volées par nos ancêtres à l'imagination orientale. Une voûte ogivale , percée entre deux tours , donnait accès dans l'intérieur du Forestel. Il fallait toutefois pour y arriver traverser préalablement une longue jetée coupée par deux ponts-levis , le premier sur la Señsée , à une portée d'arbalète de l'entrée , et le second sur un fossé dont l'eau entourait le donjon de toutes parts et en baignait les murs. A l'intérieur , c'étaient des bâtiments en briques dont l'aspect froid et sévère s'harmoniait parfaitement avec celui de la partie extérieure du château. Une tour carrée fixait seule l'attention dans cette cour ; elle était fort élevée , percée d'étage en étage de fenêtres ou plutôt de barbacanes grillées par d'énormes barreaux de fer.

En octobre 1356 , il y avait dix-huit mois

que le roi de Navarre , Charles-le-Mauvais ;
échappé successivement de Château-Gaillard ,
dans les Andelys , et du Grand-Châtelet de
Paris , habitait forcément cet édifice où il
semblait devoir terminer dans l'inaction , sinon
dans le repos , une vie jadis si agitée et si
turbulente.

On conçoit combien devait être important
alors le poste de gouverneur d'une forteresse
devenue la prison du prince le plus intrigant,
le plus astucieux de son siècle , et qui deux
fois en avait donné des preuves en brisant ses
chaînes. Depuis plusieurs années , ce poste
était occupé par messire Tristan du Bois ,
seigneur de Piennes , appartenant à une noble
famille d'Artois. La conduite de ce brave chevalier en mainte occurrence , et surtout à
cette malheureuse bataille de Crécy , où , à la
tête d'une compagnie d'arbalétriers il lutta
avec acharnement contre les premières pièces

d'artillerie qu'on eût vues en rase campagne *,
l'avait fait remarquer et chérir de Jean , alors
duc de Normandie , et celui-ci n'avait pas
hésité à lui confier le gouvernement de la
ville d'Arleux et château du Forestel, qui lui
appartenaient ; il le décora même plus tard
de son ordre de l'Étoile. Quand vint la captivité du roi de Navarre , cette charge lui fut
confirmée avec extension de pouvoirs , et
certes personne ne pouvait la remplir avec
plus de bravoure , de fidélité et de courtoisie
tout à la fois. . . . .

Le clepsydre venait de marquer six heures ,
et le crépuscule , rendu ce soir-là plus obscur
par un épais brouillard , enveloppait la nature
entière. Les postes avaient été doublés pour
la nuit, les ponts-levis dressés et le mot d'ordre donné dans le plus grand mystère. Le

---

* L'artillerie avait été employée bien auparavant dans les
siéges, comme on peut le voir dans des documents inédits
reposant à la bibliothèque du roi et même dans Froissart.

Forestel était calme et paisible. On n'entendait au dehors que le cris de prévoyance répété comme en temps de guerre par les sentinelles , et parfois dans l'éloignement les coassements des oiseaux aquatiques qui s'ébattaient dans les marais.

Il est des heures dans la vie où l'homme , satisfait d'avoir rempli scrupuleusement les tâches souvent pénibles qui lui sont imposées , éprouve un bien-être intérieur qu'on ne saurait définir : le sang coule plus frais dans les veines , la tête est plus légère , l'œil moins terne , l'air qu'on aspire plus pur ; tout ce qui vous entoure semble sourire , et , sans regret du passé , sans souci du présent , on donne avec délices un libre cours aux plus douces sensations de l'âme. — Messire Tristan du Bois était précisément plongé dans les extases d'une telle béatitude. Sous le manteau de la cheminée , il se chauffait joyeusement à un bon feu de tourbe , en attendant l'heure du souper , tandis qu'à ses côtés le chapelain octogénaire du château, le père Mathias, récitait à demi-voix son bréviaire. Rien au monde ne semblait devoir troubler la quiétude de corps et d'esprit de ces deux personnages, lorsque soudain la porte de l'appartement dans lequel ils étaient vint à s'ouvrir. Tristan du Bois tourna brusquement la tête, et interpellant d'un ton surpris le varlet qui entrait :

— Or ça, bel ami, que nous veux-tu ?

— Messire, c'est un cavalier arrivant à toute haleine du châtel de Crève-cœur. Il se dit chargé d'un message important et demande à parler sans délai à votre seigneurie.

— Voici bien d'autres nouvelles, mon père, dit Tristan en s'adressant au père Mathias. Notre cher cousin Adam Cardevacque, le digne châtelain, aurait-il besoin de nos services ?

— Non, messire, non, ce n'est pas lui,

reprit le varlet d'un air effaré , mais bien je crois plus haut baron.

— Plus haut baron! répétèrent à la fois le gouverneur et le chapelain.

— Oui , vrai , mes maîtres, car le halle-bardier de garde a vu à travers le guichet et à l'aide de sa lanterne que le courrier , au beau milieu de son pourpoint, portait d'azur aux trois fleurs de lis d'or.

— Qu'on l'introduise incontinent , reprit Tristan du Bois , et qu'on me l'amène céans.

Bientôt on entendit les ponts-levis s'abaisser , les portes crier sur leurs gonds , puis un cavalier entrer au grand trot dans la cour.

Le gouverneur avait pris sur son siége une attitude digne de sa qualité. Lorsque entra le messager , il lui fit signe de s'approcher et renvoya d'un geste le varlet qui l'avait amené. Le père Mathias se disposait aussi à sortir.

— Restez, mon père, lui dit-il, votre présence ne doit pas, je pense, gêner l'explication du message.

Puis au cavalier :

— Quelle nouvelle apportez, bel ami?

— Je ne dois rendre compte de mon message qu'à messire Tristan du Bois, gouverneur pour mon seigneur et maître de la ville d'Arleux et château du Forestel.

— C'est à lui-même que vous parlez, répondit Tristan.

Alors le héraut tira d'une sachette un morceau de parchemin ployé, entouré d'un lacet en soie auquel appendait un scel en cire verte, et le présentant au gouverneur :

9

— Messire Tristan du Bois, tenez ce message que mon seigneur et maître vous envoie.

Le vieux capitaine prit la lettre et la donna au chapelain, qui seul pouvait en faire la lecture. Le héraut se retira au fond de la salle, et le père Mathias, après avoir baissé de quelques crans la lampe pendue à une espèce de petite crémaillère fixée à la voûte, ouvrit le parchemin, s'approcha de la lumière et lut ce qui suit au gouverneur, qui écoutait attentivement :

« Charles, fils aisné du roy, duc de Normandie, daulphin de Viennois, sire d'Arleux, de Crève-cœur, Rumilly, Sainct-Souplet et aultres lieux, à nostre amé et féal Tristan du Bois, gouverneur de nostre ville d'Arleux et chasteau du Forestel, salut. Bien amé, sçavoir vous faisons que sitòt qu'aurez reçeu les présentes ayez à venir nous trouver en compaignie de cincquante de vos meilleurs arbalestriers en nostre ville de Crève-cœur en Cambresis,

où sommes arrivé ce jour d'huy et où avons
pressant besoin du service de nos bons et fidèles gens d'armes. Entre temps donnez ordre
que vostre prisonnier soit bien et seurement re-
tenu. Ceste lettre n'estant à aultre fin , pryons
Dieu, bien amé , qu'il vous ayt en sa garde. »

— Par saint Christophe , voici qui est bien
merveilleux! dit Tristan , stupéfait de ce qu'il
venait d'entendre. Et avisant que sans témoins
le père Mathias et lui pourraient converser
plus à leur aise sur cet événement inattendu,
il donna deux coups d'un petit sifflet d'argent,
et aussitôt un varlet se présenta.

— Hébergez comme il faut ce damoisel,
dit-il en montrant le héraut du dauphin. Ser-
vez-lui à souper un de ces jeunes paons au
poivre que m'a envoyés ce matin mon compère
le mayeur d'Arleux avec un pot de notre
meilleure cervoise. N'oubliez pas non plus de
donner pleine pitance à son destrier , afin que
cavalier et cheval soient bien frais pour nous

accompagner tout à l'heure en notre expédi-
tion.

— Messire, repartit aussitôt le courrier,
je vous rends grâces, mais j'ai l'ordre de retourner sur-le-champ et à franc étrier auprès
de mon seigneur et maître, qui cette nuit aura
encore besoin de mes services. Si cela vous
agrée, je prendrai congé de vous sans plus
de délai.

— Partez, partez à l'instant, bel ami,
puisqu'il en est ainsi. Annoncez à notre royal
et bien-aimé suzerain que sans perdre une
minute je vais me rendre à ses ordres. Nous
marchons sur vos pas, et dans trois heures
au plus nous arrivons au châtel de Crève-
cœur.

Le héraut sortit de l'appartement, but à
l'office un large coup de forte bière, remonta
à cheval et partit au galop.

Tristan du Bois et le père Mathias étaient aussi surpris l'un que l'autre de cet étrange message. Dans le trouble que leur avait causé cet incident, ils n'avaient pas même songé à demander quelques explications au héraut, et ce dernier était déjà bien loin quand ils y pensèrent. Ils se fondirent en conjectures de toute espèce et sur l'apparition du dauphin en Cambresis, lui dont l'arrivée était d'ordinaire annoncée quelque temps à l'avance dans les terres de la suzeraineté, et sur les motifs qui pouvaient lui faire avoir un si pressant besoin de renfort. Enfin ils trouvèrent pour tout cela bien des raisons que les événements de l'époque rendaient plus ou moins plausibles : les audacieuses entreprises de Philippe de Navarre en faveur de son frère Charles [1],

---

[1] Le 28 Mai 1356, Philippe de Navarre avait écrit de Cherbourg une lettre fort curieuse à Jean roi de France, dans laquelle il lui reproche l'arrestation de son frère Charles et la mort de plusieurs seigneurs de sa suite ; il déclare qu'il renonce désormais à toute foi, service et hommage envers lui, et lui annonce qu'il poursuivra de

9*

les bruits de guerre prochaine avec les Anglais, la rebellion de plusieurs seigneurs picards et flamands furent tour à tour énumérés. Une demi-heure s'était écoulée dans ces entretiens lorsque la mission pressante qu'il avait à remplir revint comme un éclair à l'esprit de Tristan. La conversation fut subitement interrompue.

Un instant après, le Forestel était en grande rumeur : officiers et soldats endossaient avec empressement leurs vêtements de guerre ; on bouclait les hauberts, on fixait les heaumes, on préparait les arbalètes, les hallebardes, les épées à deux mains. Les chevaux tout sellés piaffaient dans la cour. Le vénérable chapelain, debout sur le seuil de la porte principale,

tout son pouvoir la vengeance de cette trahison et la délivrance de son frère. Cette lettre existe en original aux archives générales de Flandre, à Lille, et vient d'être publiée pour la première fois par M. le doct. Le Glay, dans ses *Analectes historiques*.

contemplait tous ces apprêts avec son regard
grave et austère. Tristan, avant de mettre le
pied à l'étrier, s'approcha de lui :

— Adieu, mon père, songez à moi dans
vos prières, et continuez par vos bonnes exhortations à adoucir la captivité de ce malheureux prince..... Adieu ; j'espère que nous
nous reverrons bientôt.

Une larme tomba sur la barbe blanche du
chapelain, qu'émouvaient de vagues pressentiments ; il embrassa son vieil ami le chevalier, qui sans délai partit à la tête de ses
gens d'armes.

La nuit était bien sombre. Un arbalétrier,
tenant en main une torche flamboyante, fut
chargé d'éclairer la route, et l'on se dirigea
vers Crève-cœur en longeant les terres de
l'abbaye du Verger. — Une demi-heure après
être sortis du Forestel, resté sans défenseurs,

Tristan du Bois et sa troupe passaient à cent
pas d'Hernando d'Ayana et de Rodriguez
d'Urris, que nous avons laissé égarés dans
les marais de Brunemont.

CHARLES - LE - MAUVAIS.

III.

1356.

—

III.

LE BOIS.

— Maître, la nuit est bien fraîche ; ne pourrions-nous brûler les fagots que voilà ?

— Ne t'en avise pas, maraud ! et si le froid te pique, souffle dans tes doigts.

Puis élevant la voix, le sire Jehan de Pecquigny poursuivit :

— Holà ! vassaux et vous tous gens d'armes assemblés en cette forêt, que personne ne s'avise d'allumer des feux ; point n'est urgent, ma foi, de donner l'alarme à ce vieux faucon de Guillaume de Coucy, qui dort bien paisiblement en son manoir d'Oisy, non plus qu'aux archers du Forestel, avec lesquels nous ferons bientôt connaissance.

Il s'éleva quelques murmures parmi la troupe.

— Que ne partons-nous à l'instant, beau sire, s'écria un robuste hallebardier flamand. Voilà tantôt deux heures que nous grelottons, les bras croisés, dans ce bois.

— Oui, et nous crevons de faim et de soif, reprit un autre.

— Par saint Ricquier, dit un sergent picard, si vous ne nous menez sur l'heure au Forestel, mes camarades et moi irons attaquer l'abbaye du Verger pour trouver à souper.

— Par Dieu, beaux amis, grand tort avez
de faire ainsi les mal-contents, reprit Jehan
de Pecquigny avec colère ; et se radoucissant
tout à coup : Ne savez-vous pas, mes braves
compagnons, que nous ne pouvons quitter
ces lieux avant l'arrivée de ces deux chevaliers
qui nous paient de si belle façon? Peut-être
se seront-ils égarés dans leur excursion aux
alentours du Forestel ; mais ils ne peuvent
tarder à venir.... Patience, patience, mes
amis : nous n'aurons plus froid, nous n'aurons
plus faim, nous n'aurons plus soif quand, tout
à l'heure, ce beau donjon que vous apercevez
d'ici au clair de lune flambera comme une
poignée d'étoupes, quand nos escarcelles seront
pleines de bons écus d'or et d'argent, nos
besaces regorgeant de jambons, nos outres
pleines d'hypocras et de vin ; et, mieux encore,
vous ne songez donc plus aux récompenses
promises par messire Philippe de Navarre pour
la délivrance du roi son frère ? Par mon chef,
mes amis, si tout cela ne vous agrée, vous
êtes bien difficiles !

10

Ce discours fit impression.

— Nous vous suivrons jusqu'à la mort, sire
chevalier, s'écrièrent une multitude de voix.
Los à maître Juhan de Pecquigny et vive le
roi de Navarre !

Ainsi devisaient des soudarts rassemblés la
nuit au milieu de la forêt d'Oisy.

Cette forêt , considérablement diminuée
depuis le quatorzième siècle par des défri-
chements partiels , appartenait à la baronnie
d'Oisy. Enveloppant dans son vaste contour
la ville et le château d'Oisy , qui, placés
sur une colline assez élevée , la dominaient
presque entièrement , elle s'étendait au midi
jusqu'au village d'Épinoy, dout le nom in-
dique assez la position originelle dans un
lieu couvert de ronces et d'épines. Au nord,
on la voyait s'allonger vers les marais
dont nous avons parlé plus haut, lesquels
formaient avec la rivière de la Sensée une

barrière naturelle entre elle et le château du
Forestel, la ville d'Arleux, les villages de
Palnel, de Brunemont et l'abbaye du Verger.
Dans sa plus grande largeur, la forêt d'Oisy
comprenait un espace de près de deux lieues,
présentant dans son contour deux anfractuo-
sités profondes, de sorte que vue à vol d'oiseau,
cette forêt devait offrir l'aspect d'une feuille
de châtaignier.

Il n'y avait guère dans les provinces du
Nord un pays où les accidents de terrain fussent plus multipliés que dans cette portion du
Cambresis; aussi n'était-ce pas chose aisée
quand, au moyen âge, il fallait traverser ces
parages par des routes qui se croisaient de
mille façons pour aller se perdre dans l'intérieur des bois, aboutir à quelque carrefour
obscur, ou bien à des marécages bourbeux et
difficiles à franchir.

Mais ce que l'on devait surtout redouter
en ces lieux, c'était la rencontre des veneurs

et des forestiers de Guillaume de Coucy,
qui d'ordinaire sillonnaient ces bois en tous
sens, la rapière au côté et l'arbalète sur
l'épaule, gens fort peu traitables et ne se
faisant faute d'abattre et de détrousser les
passants en guise de gibier, sûrs qu'ils
étaient de l'impunité.

On s'étonnera peut-être qu'à travers des
parages si dangereux, une troupe nombreuse
d'hommes armés ait pu pénétrer sans obstacle
dans l'intérieur du bois d'Oisy ; cela surprendra
moins si l'on réfléchit que plus un pays est
sinueux et boisé, plus il est facile de le par-
courir sans être aperçu, surtout si l'on est
muni d'adresse et d'audace comme l'étaient
les soudarts en question. A l'aide de guides
habiles et fidèles, ils avaient cheminé silen-
cieusement en petits détachements et par diffé-
rents sentiers, ayant soin de saisir, sans
exception aucune, tous les gens qui se trouvaient sur leur passage et de les suspendre au

fur et à mesure aux branches des arbres dans
les plus épais fourrés.

Une clairière, située à l'extrémité septen-
trionale du bois d'Oisy et sur le sommet de
cette colline, qui descend en amphithéâtre
jusqu'aux marais d'Arleux, était le lieu de
rendez-vous choisi par cette troupe de truands
déterminés. Rassemblés au nombre de deux
cents dans cet endroit, ils s'y préparaient
mystérieusement à accomplir une de ces
œuvres de laquelle devait peut-être dépendre
le malheur, la ruine de la France : les uns
achevaient d'endosser leurs vêtements de guerre
et mettaient leurs armes en état ; d'autres,
attendant l'heure du départ, étaient étendus
sur l'herbe humide, caressant les outres de
cervoise pendues à leurs ceintures, jouant
aux dés leur part de butin futur et maugréant
à demi-voix contre saints et diables.

En ce moment la lune brillait au ciel et
répandait sa lueur douteuse sur cette scène

magique. Du plateau élevé où elle se passait,
on apercevait au fond d'une allée et pour ainsi
dire suspendu sur la cime des arbres le Forestel, calme et paisible comme s'il n'enserrait
pas Charles-le-Mauvais, et puis au loin c'étaient
les nappes argentées des clairs dans les eaux
desquels se reflétaient la ville d'Arleux, les
villages de Paluel et de Brunemont avec les
flèches aiguës de leurs clochers. . . . .

Mais reprenons le véritable fil du récit.

Il s'était écoulé quelques minutes depuis
que maître Jehan de Pecquigny avait manifesté
ses craintes sur le sort des deux chevaliers
navarrois, quand un hennissement de cheval
se fit entendre. D'Ayana et d'Urris, précédés
de leur guide et débouchant d'un petit sentier,
ne tardèrent pas à paraître dans la clairière.
Leur arrivée était le signal du départ, aussi
furent-ils reçus avec acclamation.

— Par sainte Rictrude, mes nobles sei-

gneurs, dit le comte de Pecquigny en leur
tendant la main, je vous croyais perdus !

— Peu s'en est fallu, sire comte, dit Rodriguez d'Urris, et il a été un moment où nous
n'échappions à ces maudites tourbières que
pour choir dans les bras de Tristan du Bois,
chevauchant vers Crève-cœur avec une fort
belle et bonne compagnie, ma foi. — Grâces
soient rendues à ce brave garçon de Baudry,
qui a joué son rôle de héraut avec tant
d'adresse : il en sera dignement récompensé.
Mais il s'agit maintenant de nous hâter. Que
dix archers de bonne trempe nous accompa-
gnent, le sire d'Ayana et moi, qui venons
d'explorer avec soin les environs du Forestel.
Nous prendrons les devants et irons tordre le
cou aux sentinelles avancées avant qu'elles
aient eu le temps de pousser le cri de détresse
et de réciter leur *In manus*. — Vous nous
suivrez, sire de Pecquigny, avec le reste de
nos gens, et l'assaut, j'espère, ne sera pas
long.

— Ainsi soit-il, beau sire, répliqua Jehan
de Pecquigny.

— Bientôt après, les partisans du roi de
Navarre, l'œil enflammé et l'arme au bras, se
dirigeaient vers le Forestel en suivant les sentiers tortueux du bois.

CHARLES - LE - MAUVAIS.

IV.

1356.

IV.

IV.

LA DÉLIVRANCE.

Voltaire a dit en parlant de Charles-le-Mauvais : « Ce roi n'était pas plus méchant que beaucoup d'autres princes. » Ce jugement, si c'en est un, fût-il même étayé de preuves, ne saurait réhabiliter complètement aux yeux de la postérité la mémoire du roi de Navarre.

Quoi qu'il en soit, si l'on étudie l'époque où
vivait ce prince, si l'on examine les circons-
tances, les mœurs et les hommes sous l'influence desquels il agissait, on trouvera dans
les paroles de Voltaire bien plus de sens qu'elles
n'en paraissent comporter, et l'on verra que
Charles n'était pas un mauvais prince dans
l'acception que l'on attachait alors à cette quali-
fication.

D'où vient donc ce stygmate désormais
ineffaçable attaché au nom du roi de Navarre?
L'historien espagnol Ferreras, qui écrivait
deux cents ans après la mort de Charles, va
nous l'expliquer : « Les Français, dit-il, l'ont
surnommé *le Mauvais*, à cause des troubles
qu'il a fomentés dans leur pays : si l'on envi-
sage ses actions, on conviendra qu'il n'a pas
été assez méchant pour mériter cette odieuse
épithète. »

L'esprit de parti a fait de tout temps à sa
guise de bonnes ou de mauvaises réputations,

et la postérité, généralement peu scrupuleuse, est toujours portée à croire sur parole tout ce qui offre une apparence d'histoire contemporaine. Il faut avouer que Charles de Navarre a été bien malheureux de n'avoir pas eu dans son siècle un bienveillant chroniqueur pour se poser bravement l'apologiste de sa conduite. Qui sait? on l'appellerait peut-être aujourd'hui Charles-le-débonnaire !

Dans toutes les accusations de perversité portées contre ce roi, l'on ne distingue réellement qu'un défaut bien prononcé, l'ambition; et cette passion l'entraîna dans des écarts dont le moins pardonnable est sans contredit sa révolte ouverte contre le roi Jean son beau-père.

Charles pouvait aspirer à la couronne de France, étant le plus proche héritier de Jean après le dauphin Charles son fils, et il avait fait tous ses efforts pour augmenter ses domaines et son influence dans le royaume.

Déjà maître d'une partie de la Normandie, son mariage avec la princesse Jeanne de France l'avait encore rendu possesseur de deux villes importantes au cœur du pays, de Mantes et de Melun, données en douaire à sa femme. Peu satisfait de cette dot, Charles avait en outre réclamé pour sa femme les comtés de Champagne et de Brie, et avait même porté des vues usurpatrices sur le duché de Bourgogne.

Des refus successifs vinrent irriter son caractère irascible, en allumant chez lui le désir d'obtenir par la force ce qu'on n'avait pas voulu lui accorder de bon gré : ce fut alors qu'usant de cet ascendant qu'une éloquence supérieure, jointe à de belles manières et à une grande prodigalité, donne aux princes sur les sujets, il ameuta cette populace parisienne inquiète, turbulente, toujours disposée à se vendre pour une poignée d'écus, toujours prête à faire du drame en plein air. Jacques Bonhomme, comme s'appelait alors le fier

Parisien, devait plus tard montrer les dents
à ce même prince pour lequel il se battait alors.

Dans un moment où les Anglais étaient en
possession d'une partie de la France et mena-
çaient d'envahir le reste, un tel état de choses
mettait le royaume à deux doigts de sa perte.
Le roi Jean comprit enfin le danger de sa
position, et poussé par les énergiques repré-
sentations de ses conseillers, il résolut de
s'emparer de la personne de son beau-fils. On
le saisit par surprise et on l'enferma comme
nous l'avons dit plus haut, d'abord au Châ-
telet de Paris, d'où il ne tarda pas à s'échapper,
grâce aux menées de ses nombreux partisans.

On le reprit pour l'emprisonner cette fois loin
de Paris, au Château-Gaillard dans les Andelys. Il s'en échappa de nouveau. Enfin, pour
la troisième fois, comme il se disposait avec
son frère Philippe de Navarre et Geoffroy
d'Harcourt à susciter de nouveaux troubles en
Normandie, on le fit prisonnier à Rouen, au

milieu d'une fête publique à laquelle on l'avait attiré par ruse.

Alors on ne vit plus de château trop fort ni trop éloigné pour y enfermer le roi Charles de Navarre. Le Forestel en Cambresis fut désigné, et on l'y conduisit sous bonne escorte et dans le plus grand secret.

Charles en entrant dans le Forestel avait presque désespéré d'en jamais sortir. Il n'ignorait pas que l'on avait dû soigneusement dissimuler le lieu de sa prison, chose bien aisée à une époque où les moyens de communication étaient encore si rares et si difficiles.

Dès les premiers mois de sa captivité, le roi de Navarre avait essayé de corrompre, le gouverneur à la garde duquel il était confié, par tous les artifices que peut enfanter une imagination ardente, torturée par l'idée d'une captivité perpétuelle.

Tristan du Bois n'avait toujours répondu à ces moyens de séduction qu'en redoublant de surveillance, sans cependant oublier les égards dus à la royauté, qu'il respectait seule dans la personne de Charles-le-Mauvais. Ce prince était trop fier pour renouveler ses instances, il était trop adroit pour ne pas sentir que son intérêt lui commandait de feindre la résignation; il avait donc fini par abandonner son destin aux caprices de la fortune, caprices si fréquents dans un temps où les orages politiques se succédaient avec tant de rapidité.

. . . .

Quand se fut éloigné Tristan du Bois et sa troupe, que le château du Forestel fut redevenu calme et silencieux, le révérend père Mathias, prenant à la main une lanterne, s'achemina, en traversant une longue suite d'appartements dont lui seul et le gouverneur avaient les clés, vers une porte percée au fond d'une sorte de galerie en voûte; il ouvrit

11*

cette porte, la referma à triple tour et monta,
non sans peine, les degrés raides et étroits
d'un escalier en spirale, lequel menait à
l'appartement occupé par le roi de Navarre.
Le hallebardier placé en sentinelle à l'entrée
de la chambre fit retentir le marteau ; et bientôt un vieux valet, seul serviteur qu'on eût
laissé près de la personne du prisonnier, vint
ouvrir au chapelain.

— Mon père, dit à demi-voix le valet, le
roi mon maître est bien soucieux ce soir : si
vous ne le consolez, il passera encore une
mauvaise nuit.

— Nous allons voir cela, reprit le bon
prêtre, qui connaissait tout l'ascendant que
depuis dix-huit mois il avait su prendre sur
l'esprit du royal captif, et il entra.

La confusion, le désordre dans lequel se
trouvait la chambre du monarque dénonçait

la turbulence de son esprit naturellement vif
et inquiet et qui ce jour-là avait encore été
plus bouleversé que de coutume. Sur la paille
fraîche dont les dalles étaient jonchées gisaient
pêle-mêle des manuscrits richement enluminés
et contenant pour la plupart des romans de
chevalerie ou des fabliaux anciens, des instru-
ments de musique de toutes les façons, violes,
mandores, olifants, cornemuses, dont le prince,
poëte et musicien distingué dans son temps,
jouait parfois ou s'accompagnait en psalmo-
diant ses chansons ou celles des vieux poëtes
provençaux; puis c'étaient des pièces d'armures détachées et étendues sur des tables,
des vêtements de velours et de soie, des tapis-
series inachevées, le tout confusément mélangé
et servant de passe-temps aux faucons du
prince, qui becquetaient, brisaient, déchiraient
tout sans que ce dernier parût s'en apercevoir.
Enveloppé dans une sorte de tunique en velours noir doublé de fourrures et négligem-
ment couché dans ce qu'on appelait alors un
faudesteuf, il caressait avec insouciance un

superbe lévrier blanc étendu entre ses jambes.
Une lampe appendue au manteau de la cheminée éclairait seule la chambre et jetait
obliquement sa lueur sur la face pâle du prince.
Ses yeux, encadrés par d'épais sourcils, n'a-
vaient rien perdu de cet éclat qui jadis avait
fasciné tant de bachelettes à la cour de Philippe de Valois, où il avait passé sa jeunesse;
mais ses traits s'étaient contractés, et puis sa
barbe noire et touffue, croissant ainsi que sa
chevelure sans ordre et sans arrangement,
ajoutait à l'originalité de sa physionomie,
dont l'excessive mobilité variait à l'infini les
expressions.

Quand le père Mathias fut bien près de lui,
Charles leva les yeux et lui tendit une main
décharnée :

— Soyez le bienvenu, mon père, dit-il
d'une voix grave; je ne vous ai point vu de
tout le jour, et cette absence me semblait
longue. J'ai grand besoin de converser avec

vous ; puissent vos paroles avoir sur moi plus
d'empire que la musique et la poésie , jadis
sources de consolations pour moi et auxquelles
j'ai demandé vainement aujourd'hui l'oubli
de mes infortunes !

— Sans cesse , monseigneur , je prie notre
doux Sauveur de vous faire la grâce de sup-
porter patiemment les peines et les amertumes
de notre pauvre existence ; il semblait avoir
exaucé ma prière , et déjà vous opposiez une
louable résignation aux décrets de la Provi-
dence. D'où vient le découragement dans lequel Votre Seigneurie me paraît maintenant
plongée ?

— Je ne sais , mon père , et il me serait
difficile de l'expliquer.... Cependant ne vous
êtes-vous point trompé sur mes sentiments ?
ce que vous preniez pour de la résignation
n'en était peut-être pas ?.... Oh non ! et je
vous l'avouerai, l'espérance seule avait rendu
le calme à mon esprit, la force à mon âme.

Mais j'ai ouvert les yeux, tout charme a cessé, et je me retrouve maintenant face à face avec la réalité, l'affreuse réalité.... Mourir dans les murs de ce donjon et par les ordres du père de ma femme, moi, Charles de Navarre!... Ah! cela est horrible à songer.

— Calmez-vous, monseigneur, de grâce calmez-vous. Ayez confiance en la justice du ciel, et si, comme vous me l'avez dit souvent, votre conscience n'a pas à se reprocher les méfaits qu'on lui impute, vous pourrez encore passer d'heureux jours sur la terre, et le roi mon maître est trop bon pour ne pas vous pardonner.....

— Mort et sang! interrompit avec colère le roi de Navarre. Fi de son pardon! Votre bon roi Jean, comme vous l'appelez, est à tout jamais mon ennemi mortel..... Les justes et énergiques réclamations qu'exigeait l'honneur de ma couronne ont épouvanté ce débile monarque, plus digne de porter une quenouille

qu'un sceptre, et n'osant m'attaquer en face,
il m'a pris au piége comme un vil renard. Oh !
ce serait bien à moi à lui pardonner..... Mais
non, non, haine éternelle au roi Jean : puisse-
t-il connaître comme moi les horreurs d'une
captivité sans fin ! Haine à mort à lui et à toute
sa race ; haine à ce peuple français auquel
mon énergie fait peur et qui a joint à mon
nom une sanglante épithète ! Charles de Navarre laissera sa chair et ses os entre les murs
du Forestel, mais jusqu'à son dernier souffle
il restera pour eux *Charles-le-Mauvais !....*

Son regard était devenu étincelant, ses traits
se contractaient et toute son attitude avait
pris en prononçant ces dernières paroles quelque chose de si effrayant que le vieillard,
n'osant répliquer, s'était caché le visage avec
les mains pour donner cours à quelques larmes de pitié..

Il se passa ainsi plusieurs minutes dans le
silence. — Le roi de Navarre s'était levé et

marchait à grands pas dans la chambre. Enfin s'arrêtant et prenant une inflexion de voix beaucoup plus douce et plus calme, Charles poursuivit en regardant le père Mathias, immobile et attéré.

— J'ai tort, mon père, j'ai grand tort de m'emporter de la sorte et d'attrister votre âme généreuse en vous laissant voir combien peu j'ai profité de vos pieuses exhortations. D'ailleurs la colère et les orgueilleux discours vont mal à un roi que la fortune se plaît à fouler aux pieds et plus malheureux que ne le fût jamais aucun de ses anciens sujets, à un prince arraché à sa famille, privé de sa liberté, dépouillé de sa couronne, oublié, trahi peut-être par ceux qui se disaient ses amis, outragé, calomnié par tous, et auquel il ne reste enfin que la triste destinée de subir lentement dans les fers une épouvantable agonie.....—Pardon, pardon, ô mon vénérable ami, si j'ai tout à l'heure oublié les égards que je dois au seul homme capable d'adoucir pour moi les amer-

tumes de la vie. Les souffrances qui me tortu-
rent l'âme égarent parfois ma raison, et alors
le misérable captif parle encore en monarque
puissant.....

Ce disant, Charles laissa tomber sa tête sur
sa poitrine.

— Pour l'amour de Dieu et des saints,
monseigneur, ne vous abandonnez pas à ces
noires pensées.....

— Et pourquoi non, mon père? poursuivit
Charles. Oh! je ne me fais plus illusion, jamais
je ne sortirai de cette prison..... j'y mourrai.
Puisse au moins cette mort ne pas se faire
trop attendre!.... Désormais la tombe sera le
continuel objet de mes réflexions, puisqu'elle
seule doit être le remède et la fin de mes
maux.....

A mesure qu'avançait cette lugubre conversation entre Charles-le-Mauvais et le religieux, la

soirée avançait aussi, et la lueur de la lampe commençant à faiblir se nuançait par degré avec la clarté de la lune dont les rayons pénétraient dans la chambre à travers une étroite fenêtre par laquelle on découvrait toute la campagne. Le roi de Navarre, dont l'imagination exaltée changeait brusquement de direction, prit le père Mathias par le bras et l'entraînant vers la fenêtre :

— Voyez, mon père, comme la nuit est belle, comme le ciel est pur : tout repose dans la nature, et le silence solennel de la nuit n'est troublé par aucun bruit. Quel bonheur pour moi si je pouvais errer dans ces campagnes, respirer en liberté l'air frais du soir !.... Mais non, c'est un bienfait dont tout le monde jouit et que le roi de Navarre n'oserait même pas réclamer. Regardez là-bas sur la plate-forme de cette tour, cette brave sentinelle. Eh bien ! j'échangerais volontiers mes regrets de roi et mes espérances de prisonnier contre son existence. Heureux soldat ! les jours de ta

jeunesse n'ont pas été comme les miens filés
d'or et de soie ; comme moi tu n'a pas porté
la couronne, mais aujourd'hui tu es libre.....
L'arbalète sur l'épaule, tu te promènes gaî-
ment, sans souci, en fredonnant un joyeux
refrain : rien, non rien ne saurait détruire ta
félicité..... Et moi !.....

A peine il achevait ces mots qu'un cri per-
çant, poussé par cette même sentinelle, vint
le faire tressaillir ainsi que le père Mathias.
Ils ouvrirent de grands yeux. — Le soldat
paraissait frappé à mort..... Il étendit les bras,
trébucha, et comme il se trouvait en ce moment
adossé contre le petit parapet qui ceignait
l'extrémité supérieure de la tour, le poids de
son corps l'emporta en arrière et il tomba lour-
dement dans le fossé. Au bruit de cette chute,
mille clameurs confuses s'élevèrent au dehors..... Puis des ébranlements violents donnés
à la porte d'entrée du Forestel firent réson-
ner tout le château. La porte ne tarda guère à
céder à ces coups redoublés, et une troupe de

truands, armés jusqu'aux dents , se précipita dans la cour aux cris répétés de *Vive Navarre! Mort aux ennemis du roi!* Là une lutte affreuse et sanglante s'engagea , au clair de lune , entre les partisans et le peu de soldats restés au Forestel.

Charles de Navarre et le père Mathias étaient muets de stupeur. Enfin Charles s'adressant avec sang-froid au religieux :

— Il paraît , mon père , que j'avais tort de désespérer. Ma couronne se joue maintenant dans la cour du Forestel. Voyons la fin de la partie.

Et il s'accouda convulsivement sur l'appui de la fenêtre.

— La partie n'est pas égale , poursuivit avec le même calme apparent le père Mathias ; à l'heure qu'il est Tristan du Bois est avec ses meilleurs soldats loin du Forestel.

— Vive Dieu! s'écria le roi de Navarre et
se redressant, je suis sauvé!

— Pas encore, reprit une voix qui partait
du fond de la salle.

Et à l'instant un arbalétrier français, mettant son arme en joue, vise le roi... la flèche
part..... Le prince s'était baissé à temps;
mais le père Mathias, placé derrière lui,
tomba frappé d'un coup mortel. Furieux
alors et saisissant un lourd escabeau en chêne,
Charles s'élance sur le soldat, qu'il abat à
ses pieds. En ce moment une foule de gens
ensanglantés se présente à la porte qu'ils ont
ouverte avec fracas. Le roi de Navarre se pré-
cipite au milieu d'eux en frappant aveuglément
les premiers qui s'offrent à ses coups; mais
bientôt les bras lui tombent quand il reconnaît
ses partisans, ayant à leur tête Hernando
d'Ayana et Rodriguez d'Urris qui l'emportent
en triomphe en poussant des vociférations de
joie......

12 *

Le soleil se levait derrière les toits de chaume de la ville d'Arleux quand Tristan du Bois, averti à Crève-cœur qu'il était la victime d'une ruse infernale, arriva avec sa troupe devant les ruines du Forestel incendié. Pour le roi de Navarre il était déjà sur les terres de Picardie, où la trahison de Pecquigny lui assurait un asile.

CHARLES-LE-MAUVAIS.

V.

1386.

V.

ÉPILOGUE.

De longues années se sont écoulées depuis l'évènement que nous venons de raconter. Nous ne sommes plus au milieu des frais marécages, des plaines fertiles de notre bonne Flandre. La scène a bien changé de face, car c'est sous le ciel enchanteur de la Navarre, entre les

murs somptueux du château de Pampelune,
que nous allons assister à la fin tragique de
l'homme dont le séjour dans notre pays a laissé
un si sanglant souvenir.

Charles-le-Mauvais avait profité de sa liberté pour se jeter de nouveau dans cette vie
d'agitation, dans cette atmosphère de tem-
pêtes qu'il aimait tant à soulever autour de
lui. Son âme inquiète, son esprit turbulent
ne pouvaient se plaire que dans la région des
orages. Or les orages politiques ne s'amon-
celèrent jamais si fréquents et si terribles
qu'au moment où, pour la troisième fois,
Charles vit se rompre les chaînes de sa captivité. Vraiment l'occasion était belle pour lui.
La bataille de Poitiers venait de livrer le roi
de France aux mains des Anglais. La Provi-
dence semblait favoriser les idées de vengeance du Navarrais. Les portes de la tour de
Londres s'étaient à peine refermées sur le roi
Jean que celles du Forestel s'ouvraient pour
rendre la liberté à son plus implacable ennemi.

L'alliance de Charles avec les Anglais fut bientôt conclue, et quand les Anglais s'en allèrent, il resta seul à se venger. Il le fit alors avec la violence d'un homme dont la haine fut longtemps comprimée. Pendant bien des années, on le vit, au cœur même de la France, s'acharner sur cette couronne de Philippe-Auguste et de St Louis, qu'il aurait volontiers placée sur sa tête aventureuse. C'est véritablement dans cette période de sa vie qu'il aurait mérité ce surnom de *Mauvais* que lui donnèrent les Français. Surprises nocturnes de villes ou de châteaux, embûches, meurtres, séductions, conspirations de toutes nature, il pratiquait tout, remuait tout, profitait de tout pour arriver à ses fins.

Et puis, quand cette existence de truand le fatiguait trop, il s'échappait du ciel brumeux de l'Ile-de-France pour aller, sous le chaud soleil de la Navarre, demander aux chants des troubadours, aux danses des belles andalouses, aux vins liquoreux d'Espagne,

à toutes les voluptés enfin , de raviver sa
fiévreuse imagination , de rendre quelque
vigueur à son corps épuisé.

Une telle existence use vite. A cinquante
ans Charles-le-Mauvais se trouvait déjà vieux
et décrépit. La vie ne se trahissait plus chez
lui que par l'éclat de son regard toujours vif,
toujours expressif. De cet homme, les yeux
vivaient seuls encore, le reste n'était plus
que cadavre.

Vers la fin de 1386 il tomba dans une telle
défaillance que les *physiciens* déclarèrent qu'ils
ne connaissaient plus qu'un seul remède capable de lui rendre la santé.

Le Roi voulut l'employer.

C'était le 31 décembre. La journée avait été
sombre et triste. La nature si riante et si belle
aux alentours de Pampelune, se trouvait dé-
pouillée de tous ses charmes par les rafales

glacées qui descendaient des Pyrennées. De gros nuages noirs roulaient au-dessus des hautes murailles du château royal jadis si bruyant, aujourd'hui silencieux comme une tombe. Plus de chants d'amour sous les orangers en fleurs, plus d'aboiements de chiens, plus de hennissements de chevaux, plus de fanfares joyeuses, plus de boléros, plus de castagnettes. Les ménestrels avaient disparu, les jongleurs aussi, les nécromants aussi, les courtisans et courtisanes aussi. Qu'aurait fait tout ce monde dans un séjour dont la poésie, dont l'âme, dont la vie toute entière allait s'envoler ? Quelques moines austères, quelques malheureux valets ne suffisaient-ils pas pour aider à mourir un roi déjà presque mort ?

Sa famille elle-même l'avait abandonné !....

Il était là, dans une vaste salle qu'éclairait un seul cierge de funèbre apparence. Couché sur un long fauteuil, il aurait paru déjà trépassé sans le mouvement de ses yeux

13

s'ouvrant et se fermant de temps à autre, sans la respiration qui sortait péniblement de sa bouche demi-close.

Près de lui et agenouillé se tenait un valet. Il s'acquittait scrupuleusement des prescriptions des *mires* ou médecins, enveloppant les membres refroidis de son maître d'une épaisse et spongieuse étoffe de coton. Quant il eut achevé, il s'en alla quérir sur les étais d'un bahut entr'ouvert une grande jarre pleine d'une liqueur merveilleuse fabriquée par les médecins eux-mêmes et décorée du nom d'*eau-de-vie* en raison de sa vertu toute surnaturelle pour rappeler la vie qui s'en va. Le valet en humecta le coton qui couvrait le corps du Roi ; et, quand il eut achevé, il se remit à genoux pour observer l'effet du remède.

Le prince se ranimait peu à peu sous l'influence des vapeurs alcooliques. Il leva un bras, puis les yeux, puis la tête... Enfin il trouva la force de dire d'une voix éteinte :

— Oh! que cela me fait bien.... Je me sens renaître....

Le valet était dans le ravissement.

— Répands, répands encore cette divine liqueur qui me rappelle à la vie, dit le Roi.

Le valet obéit.

Le Roi reprenait vigueur de plus en plus.

— Les mires n'ont-ils point dit qu'il fallait aussi me saupoudrer de souffre?

— Ils l'ont dit, Sire.

— Que ne le fais-tu, truand?

Le valet s'empressa de prendre le souffre tout préparé dans un vase d'argent et en parsema l'étoffe imbibée d'eau de vie.

— Bien, dit le Roi, je vais de mieux en mieux. Il me semble que je pourrais tenir sur mes jambes.

Et en même temps il essaya de se dresser.

Dans l'effort qu'il fit, l'étoffe s'ouvrit à l'endroit du pied gauche. Le valet prit une aiguille et du fil pour recoudre immédiatement cette déchirure.

Le Roi avait déjà la force de s'impatienter. Qu'il était heureux de pouvoir enfin se mettre en colère !

— Mort et sang ! dit-il au valet, auras-tu bientôt fait ?

— J'ai fini, Sire.

— Allons, je vais marcher ; ô bonheur !

qu'il est doux de revenir au monde quand déjà l'on a senti errer sur ses yeux les ombres de la mort !... Eh bien , que ne coupes-tu ce fil qui pend ?

— Sire , je n'ai point de ciseaux.

— Casse-le.

Le valet essaya de rompre le fil qui résista.

Le monarque tressaillit de colère... Afin de briser le fil plus promptement il saisit lui-même le cierge qui brûlait sur la table voisine , et, d'une main tremblante , présenta le fil rebelle à la mèche lumineuse.... Le fil rompit ; mais à l'instant même , une flamme bleuâtre grimpant des pieds à la tête envahit le monarque et l'entoura d'un réseau de feu.

Le valet s'enfuit épouvanté.....

Cependant grand nombre de gens se tenaient

13*

dans les cours du château attendant avec
anxiété le résultat du remède extrême tenté sur
le corps affaibli du monarque et qu'on disait
devoir être miraculeux. Chacun se livrait à ses
conjectures.

Dans les groupes circulant çà et là aux tristes
clartés de la lune on entendait de mystérieux
discours.

— S'il n'allait pas revenir à lui, disaient
les uns.

— Il est peut-être déjà mort , disaient les
autres.

— Non , affirmaient quelques-uns , car on
prétend qu'il a remué.....

— Que le Seigneur Dieu vous entende ,
répondaient les moines : et ils poursuivaient
leurs lugubres prières.

Et tous les visages étaient tendus vers le château et tous les yeux se fixaient avec terreur sur les fenêtres de la grande salle où se reflétait la blafarde lueur de l'astre des nuits.

Tout-à-coup un cri affreux, épouvantable, un cri des enfers, un cri dont rien au monde ne saurait donner l'idée, fit tressaillir l'assemblée....

Et au même moment, à travers le vitrage, on aperçut un être informe qui, flamboyant et hurlant, se tordait en d'horribles convulsions.

— C'est le diable qui l'emporte ! cria la foule terrifiée : et tous se sauvèrent confusément poursuivis par l'infernale vision.

Le lendemain le clergé de Pampelune, son évêque en tête, pénétrait en toute précaution dans la grande salle du château des rois de Navarre.

Très-haut et très-puissant prince, Charles, deuxième du nom, par la grâce de Dieu, roi de Navarre, comte de Dreux, seigneur d'Étampes, de Meulant, de Gien, d'Aubigni et autres lieux, pair de France, etc., gisait dans un coin sous les espèce et apparence d'un monceau de cendres et d'os calcinés.

C'était là tout ce qui restait de l'homme qui pendant si long-temps avait fait trembler sur leur trône les successeurs de Charlemagne. La terreur qu'il inspirait était si grande, qu'on n'osa lui intenter son procès en cour de parlement de Paris que deux mois après sa mort. [1]

[1] Voyez *l'Art de vérifier les dates.*

Notes.

Il existait naguère à Courtrai un bon et savant octogénaire, M. Goethals-Vercruysse, qui consacra les loisirs de toute sa vie à rassembler les documents les plus curieux se rapportant par quelque côté à l'histoire de sa ville natale. C'est à lui que nous devons tous les détails reproduits dans ce volume sur la *bataille de Courtrai* ou *des épé-rons*. M. Voisin a traduit du flamand et complété le travail de M. Goethals , dans une notice très-remarquable publiée dans le *Messager des sciences et des arts*. Il y donne la liste la plus exacte connue jusqu'ici des chevaliers français qui per-dirent la vie dans cette grande journée. Nous croyons rendre service aux hommes occupés de recherches généalogiques en la reproduisant ici :

Princes et chevaliers morts à la bataille de Courtrai.

Le comte Robert d'Artois ;

Le connétable Raoul de Clermont , sire de Nesle ;

Seguin ou Sigis , roi de Mélide ;

Le maréchal Gui de Clermont ;

Le maréchal Simon , vicomte de Melun ;

Le grand chancelier Pierre Flotte ;

Jean II, de Brienne, comte d'Eu et de Guines ;

Godefroid , comte de Boulogne ;

Jean , chambellan et comte de Tancarville ;

Jean de Ponthieu, comte d'Aumale ;

Jacques de Chastillon , sire de Leuse , gouver-
neur-général de la Flandre , pour le roi ;

Hughes de Bruynen, comte de la Marche et
d'Angoulême ;

Angelin , comte de Vimeu ou Vimy ;

Louis de Forest , sire de Beaujeu et Dombes ;

Le comte de Soissons ;

Le comte d'Abbeville ;

Le comte de Foix ;

Alain ou Guillaume , fils du comte de Bretagne ;

Jean I , vidame de Chartres ;

Froald , châtelain de Douai ;

Jean IV , châtelain de Lille ;

Henri , sire de Ligny ;

Renauld I , sire de Longueval ;

Le sire d'Aspremont ;

Le sire de Fresne ;

Raoul , seigneur de Trèves ;

Le sire de Fiennes ;

Baudouin d'Henin , sire de Boussu ;

Jean , seigneur de Créqui ;

Raoul VI , dit le Flamenc , sire de Cany ;

Le sire de Breauté ;

Farald de Rheims ;

Jean Bruslé ;

Jean , dit Sans-Quartier , fils de Jean , comte de Hollande et de Hainaut ;

Godefroid de Brabant et de Hainaut, oncle du duc de Brabant , et son fils Jean , sire de Vierson , châtelain de Tournai.

Arnould IV , sire de Wesemael , maréchal de Brabant ;

Henri , sire de Bautersem ;

Arnould , sire de Wahain , et son fils Laurent ;

Hugues de Viane ;

Gheldoph de Winghene ;

Arnould van Eykhove, avec son fils Jean ;

Henri van Wilre ;

Guillaume van Redinghen ;

Arnould van Hofstad , avec ses trois neveux ;

Guillaume , sire de Craenendonck ;

Baldard de Parvisien ;

Jean de Kerly ;

Baldard de Peruwez ;

Fernand d'Araing ;

Boudard de Pernes ;

Hercules, sire de Bellis , bouteillier hérédi-
taire d'Artois ;

Dix-huit nobles chevaliers qui , avec un grand
nombre de Brabançons, succombèrent autour de la tente de Godefroid de Brabant ;

Egide , sire d'Antoing ;

Richard , sire de Falais ;

Michel , sire de Harnes ;

Albert, sire de Langendacle ;

Les sires du Quesnoy , de Salines, de Rutse-
fort, de Marlois, de Flines, de Malgy,
d'Alengeac , de Bethizy et de Croy ;

Gilles , sire d'Alengy ;

Robert , sire de Montfort ;

Raoul , sire de Nortfort ;

Jean Cruke ;

Jean , sire d'Emmery, également chambellan
du roi ;

Les comtes d'Angers , de Champagne , de
Dreux , de Trappe , d'Auge , de Los , de
Vendôme , de Bourbon , de Tweessen et
d'Estampes ;

Le comte de Bar , aves ses trois frères ;

Le comte d'Albe , avec son frère ;

Le duc de Berry ;

Le prince de Chimpy ;

On nomme aussi Balthazar , roi de Majorque ;
ce prince était probablement frère ou parent
de Jacques I , qui régnait alors et mourut
seulement en l'an 1311.

Voici maintenant, selon M. Voisin, les souvenirs que la bataille de Courtrai a laissés dans le pays :

Pendant long-temps on célébra à Courtrai ce glorieux événement par toutes sortes de réjouissances publiques : le souvenir s'en est probablement perpétué dans cette fête populaire, appelée *Vergaederdagen*, qui a encore lieu annuellement. Vers le milieu du mois de juillet, les hommes et les femmes de la plus basse classe vont de porte en porte demander les vieux habits qu'ils revendent ensuite, comme leurs ancêtres le firent autrefois des riches dépouilles de la noblesse française, et précédés d'un joueur de violon, ils se rendent sur le Pottelberg, emplacement de l'ancien camp français, et pendant tout le jour s'y enivrent de boissons fortes.

En sortant de Courtrai, par la porte de Gand, à environ cinquante pas à droite,

14*

s'élève un *sacellum* ou une petite chapelle octogone, dédiée à Notre-Dame de Groningue; elle a été bâtie en 1831, précisement au milieu de l'ancien champ de bataille; car tout le quartier de la ville qui s'étend depuis la porte et l'esplanade jusqu'à l'église de Notre-Dame est d'une construction fort postérieure à la bataille. Dans cette petite chapelle, où sur un autel d'une grande simplicité est placée une image miraculeuse de la Vierge de Groningue, on lit en lettres d'or, les noms des principaux chefs français qui perdirent la vie dans cette sanglante journée. Au milieu de la voûte est suspendu un éperon doré de chevalier.

On a vu dans *Charles-le-Mauvais* que Philippe de Navarre son frère avait fait des tentatives pour le tirer de captivité, et à ce sujet nous avons signalé la lettre énergique par laquelle Philippe reproche au roi de France sa déloyauté et le somme de rendre la liberté au prisonnier. Nous pensons que les amis de l'histoire ne liront pas sans intérêt ce document curieux.

—

À vous roy de France, je Phelippe de Navarre, fais savoir que, par avant la prinse de mon très cher seigneur et frère, je estoie votre bien vueillent et prett et appareillié de vous servir si avant comme je peusse faire du monde quele que elle fust. Or est ainsi que après ladite prinse, j'ai envoié devers vous, et vous ay supplié, requis et sommé tierce fois que mon dit seigneur et frère, le quel je say certainement avoir tous jours esté bon, vray et loyal envers vous et la couronne de France, il vous pleust délivrer. Et se ne fust ma loyauté que j'ay tous jours volu et vueil garder et monstrer, et que je cuidoie que vous vous deussiés mettre à raison envers mou dit seigneur et frère et user de bonne équité en son fait, Dieu scet que je n'eusse pas attendu jusques à maintenant à vous ouvrir plus avant mon courage ; et sans doubte je avoie bien cause de plus faire, sans tant attendre ; mès puis que je voy et congnois humilité, raison et équité non avoir lieu envers vous, et que après si grant félonie et inniquité commise par ceuls qui vous ont conseillé en la prinse de mon dit seigneur et frère, laquele fu faite au lieu où il estoit venus pour emprendre, de votre commandement et comme votre lieutenant, la garde du pays de Normandie, et, après tant de convenances, traictiées, accordées et rateffiées par grans

serœmens et semblans de grans amistiés que
vous li avies monstrés, vous et ceuls par vous
créés en ceste partie, ne voulés congnoistre
l'erreur en quoi vous estes encheus, mès y
persévérés tous jours de mal en pis, laquele
chose est trop à douloir pour les grans mauls
et inconvéniens qui sont tailliés à euls ensuivre
dont pluseurs qui n'y ont coulpe seront des-
truis de corps et de chevances, en grant vitu-
père de tous ceuls qui sont cause de un tel
meschief, je ne puis plus ne doy moy reffraindre
que, par toutes les voies que bon frère peut
et doit, je ne poursuie le fait de la dite prinse
et la mort des gens de mon dit seigneur et
frère, qui, par tirannie cruelle, ont esté
décolés, sans aucune accusation ou condemp-
nation juste, mais contre Dieu et contre
raison. Et pour ce, dès maintenant je vous
rens et quitte toute foy, féauté, service et
hommage que je vous devoie ou peusse devoir,
et tout ce pour quoi je povoie estre tenus à
vous pour quelconque cause que ce fust. Et
dores en avant je vous porteray domage de

toute ma puissance comme à celui en cui je treuve raison et justice deffaillir et qui a enfraint toute paix, amour, convenances, traités et seremens fais, promis, jurés et accordés par vous à mon dit seigneur et frère. Donné à Cherboure, le XXVIIIe jour de may l'an mil CCC LVI soubs le seel de mon secret eu absence de mon grant seel.

Suit une déclaration par laquelle quatre chevaliers et six écuyers, sujets du roi de Navarre, renoncent, pour la même cause, à toute obéissance et tout service envers le roi de France.

Au roy de France,

Très grans et puissans sires, je Regnaut de Braquemont, je Guillaume, sire de Buveraus; je Jehan, sire de Versailles; je Henry, sire de Troussiauville, chevaliers; je Robert Porteclerc, je Jehan du Chesne, je Robert de Chartres, je Guillemont de Bracquemont, je Henry de Peremont et je Colleton de Ricey, escuiers, qui, pour doubte de vostre grant puissance, ne voulons nous soubsmettre à demourer soubs icelle, meesmement que nous véons et appercevons que vous et les votres monstrés très dure volenté contre ceuls qui sont bien vueillans du roy de Navarre, notre chier seigneur, du quel nous sommes et

168

voulons estre serviteurs , vous rendons et quittons féaulté et nous mettons hors de tout service que nous vous devions, ou poons devoir , ou en quoi nous peussions estre tenus à vous par quelconque manière ou pour quelconque cause que ce soit. En tesmoing de ces choses nous avons fait mettre nos seaulx à ces présentes, données à Cherbourg, le XXVIIIe jour de may, l'an de grâce mil CCC LVI.

(Copie du temps sur papier. Chambre des Comptes de Lille).

TABLE.

—

SCHILD EN VRIEND (1302).

CHARLES-LE-MAUVAIS (1356).

Lille.—Impr. de VANACKERE.

En publiant le premier volume des *Scènes histori-ques flamandes*, nous avions pensé que ce serait trop de deux noms sur de si minces brochures ; de là, notre pseudonyme de *Landsvriend*.

Toutefois, il n'en est pas moins vrai que deux colla-borateurs fournissent leur contingent à ces publications détachées ; dès lors il pourrait sembler étrange (et la remarque nous en a été faite) de rencontrer deux styles, deux manières sous une seule signature.

D'un autre côté, les journaux en nous nommant, nous ont enlevé tout le bénéfice de l'anonyme ; il faut donc, quoiqu'il advienne, signer ce second volume en toutes lettres.

Les *Scènes historiques flamandes* formeront 4 volumes, qui paraîtront successivement.

—

EN VENTE :

Bouchard d'Avesnes, 1er vol. *des Scènes historiques flamandes.*

Sous-Presse :

Bertrand de Rains.

www.ingramcontent.com/pod-product-compliance
Lightning Source LLC
Chambersburg PA
CBHW072046080426
42733CB00010B/2002